"好家风 好家教"书系

爱和规矩

成就独一无二的好孩子

木 紫 编著

浙江教育出版社·杭州

图书在版编目（CIP）数据

爱和规矩成就独一无二的好孩子 / 木紫编著. -- 杭州：浙江教育出版社，2017.9（2019.7重印）
（"好家风 好家教"书系）
ISBN 978-7-5536-6412-5

Ⅰ．①爱… Ⅱ．①木… Ⅲ．①儿童教育－家庭教育 Ⅳ．①G782

中国版本图书馆CIP数据核字(2017)第230353号

"好家风 好家教"书系
爱和规矩成就独一无二的好孩子
HAOJIAFENG HAOJIAJIAO SHUXI
AI HE GUIJU CHENGJIU DUYIWUER DE HAOHAIZI

木 紫 编著

责任编辑	徐海娟
美术编辑	曾国兴
封面设计	黄冠英
责任校对	陈云霞
责任印务	曹雨辰
出版发行	浙江教育出版社
	（杭州市天目山路40号　　邮编：310013）
激光照排	杭州兴邦电子印务有限公司
印　　刷	三河市嘉科万达彩色印刷有限公司
开　　本	710mm×1000mm　1/16
印　　张	16.5
字　　数	185 000
版　　次	2017年9月第1版
印　　次	2019年7月第2次印刷
标准书号	ISBN 978-7-5536-6412-5
定　　价	42.00元
网　　址	www.zjeph.com

推荐序

憧憬孩子勤奋学习、砥砺成才,是天下父母的心愿。古往今来,多少励志少年闻鸡起舞、凿壁偷光、悬梁刺股、铁杵磨针,留下了一道道的勤学履痕。在寻求知识的道路上,除了勤奋,孩子还需要些什么? 新时代的家长,如何才能培养出优秀的孩子呢?

关于这些问题,作者木紫的作品《爱和规矩成就独一无二的好孩子》给了很好的解答,核心就是"给孩子有规矩的爱"。这一育儿理念在我国经典蒙学《三字经》和《弟子规》中能找到依据。作者木紫在第一章中提到"好教养的孩子懂爱,被爱的孩子内心充盈着满足、信任与温暖的感觉,与父母的心理距离小,能倾听,会质疑,守规矩"。有了"爱和规矩"的大前提,孩子健康成长、立志成才便顺理成章。要成为优秀的孩子,还需要善思考、勤实践。

关于这一点,作者木紫在第七章中有明确的阐述。如:"没有思考,知识就无法内化为自己的知识。""人与人发展水平上的差距在于思维能力和创新能力。"

孔子说:"吾十有五而志于学。"现在的孩子已经不是"十五向学"了,很多孩子不到5岁就开始学习,但是都学了什么呢? 不少孩子会背圆周率,能够背到小数点后很多位;有的孩子会背很多首唐诗宋词,哪怕死记硬背到皓首穷经,也只能成为在众人面前表演的节目。这些对孩子的一生有用吗?

孔子还说:"学而不思则罔,思而不学则殆。"指的是一味读书而不思考，就会因为不能深刻理解书本知识的意义，在实践中就不能合理、有效地运用书本知识，甚至会陷入迷茫的状态。而如果一味空想而不去进行实实在在的钻研，则终究是沙上建塔，一无所得。这告诫我们一定要一边学，一边想，一边应用，学思结合，学用结合，才能学到切实、有用的知识。可见，善思考、勤实践多么重要。

国际教育学上有一个通行的说法，好的学习是导致思维改变的学习。这种思维的改变，就是要改变死记硬背的学习方法为思索的方法。

思索，启迪孩子探寻知识。

思索和成长的关系，就如同引线和风筝的关系。这个风筝能飞多高多远，关键在于你手中的线，而这条线，就是你内心的思索。你越善于思索、越勤于开拓，你在成长的道路上就会越走越明，越走越远。

在追求知识和选择人生的道路上，除了勤奋学习，还要不断思考，勤于实践。古人云："志当存高远。"志存高远，立志在少年。让我们的孩子扬起理想的风帆，在人生的大海中，追求探索，破浪远航。

程宇航

2017 年 8 月 20 日

前 言 PREFACE

每个孩子都是天上最亮的星星,闪闪发光地来到父母的世界里,父母如何做才能成就最好的孩子,让孩子在未来的世界里闪耀自己的光芒呢?《三字经》《弟子规》早就告诉我们,最好的教养智慧就是爱和规矩。这里的爱不是无条件地满足,这里的规矩不是板起面孔打手板,而是父母用自己的心去感染孩子的心,用自己的行为去影响孩子的行为!父母从孩子的心理需要出发,科学地爱孩子,科学地立规矩,就能真正养育出独一无二的好孩子!

《三字经》《弟子规》是有名的蒙学经典。《三字经》全文共1145个字,《弟子规》全文共1080个字。虽然字数不多,但是表达的精神内核和文化意义丰富而深远。《三字经》是中国古代一部训蒙奇书,囊括了中国古代文化的精髓,涵盖了令人称叹的教育思想、教育内容、教育方法、教育哲理、教育意义、教育目标。《弟子规》这部关于童蒙教育的小书,记录的是人们日常生活的言行举止,带给读者的却是做人做事的大智慧。两部书看似浅显,实则深奥。当年,带领古人攀上智慧的巅峰;今天,仍然被世人看重。

这两部书的精神内核早已根植于国人的血脉里,时时规范着我们的教育行为,启迪我们寻找最切合现实的教育方法。

举个例子,《三字经》曰:"人之初,性本善。性相近,习相远。"大致意思是,人生下来都是好的,只是后天的成长环境不一样,性情也就有了好与坏的差别。这句话告诉我们,教育在孩子成长的过程中起着决定性作用。什么样的教育培养什么样的孩子，在家庭教养方面，最鲜明的体现就是爱和规矩。我们如何爱孩子，有没有给孩子立规矩，给孩子立规矩的方式是什么，这些问题都直接决定着孩子的人格构建。

孩子在一天天长大以后，如果我们在他身上看不到负责的表现，他们不懂得为自己负责、为自己的行为负责，那么，长大后，他也难以为社会负责。反思这个孩子受到的家庭教育，一定是没有享受到真正的爱。真正的爱是有界限的，是无条件的爱，但不是无条件地满足。

再举个例子，《弟子规》曰："父母责，须顺承。"大致意思是，即使被父母责骂，也要顺从地接受。这是古人的教育观点，而今天，人人平等的意识已经深入人心。父母责骂孩子的时候，孩子感受不到尊重，就会反抗父母。因为安全感不足，缺少归属感，孩子长大以后，要么依赖，要么懦弱，要么反叛。如果有一天，当孩子冲着我们大喊大叫的时候，我们是否能想到，这是当初的责骂带来的后果呢？

类似的感悟和思考还有很多，本书选择最有启发性、最切合当下家庭教养需要的内容编写成书——《爱和规矩成就独一无二的好孩子》。全书围绕古代先贤最在意的"爱和规矩"这个主题展开，基于古人对爱、对规矩的教养智慧，主要讲述了知识经济时代，面对"互联网时代的孩子"，父母该如何爱、如何立规矩，才能保护和发扬孩子的优势智能，从而成就独一无二的好孩子。

目 录 CONTENTS

002

第一章　好教养：给孩子有规矩的爱

好教养的孩子懂爱，被爱的孩子内心充盈着满足、信任与温暖的感觉，与父母心理距离小，能倾听，会质疑，守规矩！怎样做才能让孩子在有边界的世界里享受爱和自由呢？给孩子有规矩的爱！

隶书　大象无形(书写:陈彦霖)

养育好孩子需要爱和规矩

"妈妈,同学约我看电影。""作业不是还没写吗?变天了,可能会下雨,还要去吗?""和同学约好了,不去不好吧。我看了天气预报,只是小雨。作业回来写。""多穿点衣服,带上伞。带两把,给同学一把。早春时节,淋到雨会生病。给你一些钱,请同学吃点东西。老规矩,别乱花。路上注意安全。"儿子开心地出发了。

看完电影,儿子准时回家,跟妈妈说:"妈妈,电影真好看!可惜,同学没去。他妈妈不让他去。我买了一份豌豆黄,剩下的钱还给您。"和父母打过招呼后,儿子默默地回房间写作业去了。

这是一个有规矩的孩子,他的家庭懂爱!

《三字经》曰:人之初,性本善。性相近,习相远。

古人认为,人生下来都是好的,只是后天的成长环境不一样,性情也就有了好与坏的差别。什么样的环境成就什么样的孩子,家庭环境更关键。

那么,当今时代,我们该如何养育一个好孩子呢?

父母的教养行为决定了孩子会成为什么样的人。孩子长大后,品行善良还是邪恶?能不能守法?这取决于父母是否会爱,是否会立规矩。

宝宝来到世间,粉嘟嘟、华润润,活脱脱一个小天使!那一刻,我们想着给孩子最好的生活,吃、穿、用尽可能选择大品牌。孩子会爬了,父母紧紧地盯着,生怕磕了、碰了。孩子一天天长大,还是保护得很好,风大不出门,地滑不走路。孩子做错了事情,父母不以为意。孩子上了小学还没有自己洗过一双袜子,读了中学都不知道怎

003

么乘坐公交车。家长这样违背成长规律、没有原则地爱孩子,使孩子长大了不懂爱,规矩意识差。

小宝宝具有吸收性心智,从生命诞生的那一刻起,就以学习的方式成长,完成自我塑造。他睁眼看世界,听各种声音,触摸身边的一切。这时,需要给他提供一个丰富多彩的环境,刺激他的感觉和知觉,促进大脑发育。当他看清了这个五彩斑斓的世界,就会伸着胳膊,指挥妈妈,要出去走走。妈妈选择风和日丽的天气,抱着他到处走走,满足了他的观察欲望,能促进其智力发展。

随着孩子的成长,他会要求自己吃饭,学父母擦地、洗衣服。这时,宽容孩子的捣乱,让他做事情,更能发展其自理能力,形成良好的品质。到了青春期,父母逐渐放手,给孩子更多的独立空间,让他感受到父母的关爱和信任,才能避免青春期的问题。父母遵守这些教养的规则,孩子才能懂规矩。

004

有个孩子,一直是妈妈眼里的乖乖女。读中学后,母女间冲突不断,父母埋怨孩子越大越不懂事,孩子觉得父母太顽固,不理解自己。双方如冰与火,难以相容。后来,父母用心研究青春期孩子的心理,不再像从前那样,事无巨细地包办过问,而是主动设立界限,满足了孩子对独立空间的需要,女儿反倒主动跟妈妈诉说心事。

还是那句话,我们怎么教,孩子就怎么成长。我们给他爱,他就懂爱;我们教规矩,他就守规矩!

1. 爱是成长的大前提

如何爱?最基本的是要了解和尊重孩子,懂得孩子的成长需要。很重要的一点是，我们要明白不同年龄段的孩子成长需要不一样。

比如，1岁以内的宝宝，特别是6个月前的宝宝，需要父母无条件地爱。父母的理解、支持、接纳是孩子活在这个世界的理由和勇气。我们需要立足孩子的角度，用心体会他们的所思和所想。父母无视孩子的需要，孩子享受不到爱带来的温暖，就会对父母、对这个世界缺少信任，容易性格怯懦、消极、自卑。

一个笑靥如花、神采飞扬的孩子，他一定是在温暖的爱意中长大的，拥有较强的社会适应能力。一个见人怯生生、笑起来很勉强的孩子，他的被爱经历一定不够完美，跟父母的关系不够亲密，这样的孩子可能不够自信，社交上缺乏主动性。

2. 立规矩是爱的方式

培养孩子的规矩意识，在孩子从他控到自控的过程中，知道什么该做，什么不该做，顾及外界，不以自我为中心，逐步成长为合格的社会人。

一些孩子不懂规矩，不是父母不重视规矩，而是立规矩的方法不对。立规矩要讲究方法。

平时对着孩子喊："你要收拾房间！""早餐一定要吃好！""不要拿刀！"不如温柔地提示："最省事的方法是，起床后，顺便把被子叠好！""上午活动多，需要较多的体力，再吃个鸡蛋饼吧。或者把牛奶喝了。这样的话语，孩子能理解，可操作性强，孩子感觉对自己有利，就不会拒绝。

枯燥的规则本身就是一个"束缚"，加上父母盛气凌人的命令，打乱了听者的思维，只会让孩子感觉云里雾里，不知道该怎么做。

在日常行为中,父母板起面孔发布命令,不如言传身教。

另外,家长要懂得,爱得对,要按规矩来。溺爱是规矩的天敌。妈妈溺爱孩子,孩子想怎么样就怎么样,无视错误,只会导致孩子的意识里没有规矩和规章制度,世界在他面前是个肆意踩踏的自由王国。

孩子的话,你真的在认真听吗

没有哪个孩子愿意做父母心中的坏孩子,所以,聪明的妈妈永远不要对孩子做出负面评价。"这么半天,说的都是什么啊?""行了,行了,别找借口了!""闭嘴,笨蛋!"这样的话一出口,孩子就与你有了距离,还会愿意跟你沟通吗?

《弟子规》曰:父母教,须静听。

每个孩子都是在父母的教养下成长的。古人认为,孩子被父母教诲时,要恭敬地听从。父母都希望教导孩子时,孩子能谦逊、严肃、有礼貌。

怎样才能做到这一点呢?最奏效、最容易的方法不是批评、指责孩子,而是家长先学会说话、懂得倾听。

谈到养孩子,出现频率较高的一句话是:"现在的孩子太难管了,很不听话!"

孩子不听话,是孩子单方面的原因吗?当然不是!

妈妈希望晓晓多读一些书,扩大知识面。可是,妈妈买回来的书,晓晓一本都没看完。妈妈很生气,大喊:"买书给你,是让你读的! 否则,我不是白花钱吗? 以后,每天读5页!"

5页并不多,可晓晓一周都没读完。妈妈大声吼也没用!

怎么办呢? 那天,妈妈回来,看到儿子捧着书看得入神,边看边哈哈大笑。妈妈纳闷,喜欢看书了? 瞄一眼,不是自己买的书! 皱了一下眉,转而又想,开卷有益,喜欢读就好! 妈妈忍不住问:"什么好书啊?"

儿子说:"《误闯侏罗纪大冒险》! 太惊险了! 同学们都在看! 我也喜欢,便借来看看。给我买一套吧!"

妈妈翻了翻书,内容很丰富,有宇宙、地球、海洋、动物、植物等方面的知识,画面生动,符合孩子的想象力和探索精神。

既有利于培养孩子的读书习惯,还能开发智力,学到知识,必须买! 当即答应儿子星期天去书店选书。但有个条件,每天至少看5页!

儿子从沙发上站起来,举手保证!

书买回来了,儿子一口气就看完一本。一个月内,看了十多本。本本都看了好几遍。后来,妈妈买的书一本一本都看了。

孩子有自己的心思和想法,要想孩子听话,父母先要听孩子的话,搞懂孩子想什么,才能顺应孩子的心理,说出他们爱听的话。

孩子不听话一定有原因。你让他做事,他坚决不做,一定有原因。耐心地问问,是不会做,还是不想做? 不会做,就要教一教,帮孩子降低事情的难度;不想做,就搞清楚孩子为什么不想做。如果理由充分,不做就不做呗。

做个听孩子话的家长,听懂孩子的意思,你会发现,孩子有他自己的想法,还很有道理,让他自己做主,家长也省心。何乐而不为呢? 对孩子说一句:"就按你的想法来吧!"妈妈的认可,让孩子觉得自己是被接纳、被理解的,深受感动后,他会更加努力。

从成长的角度来看,孩子不听话不可怕,可怕的是,父母说什么,孩子听什么! 孩子小的时候对妈妈言听计从,妈妈习惯了一个"被指挥"的儿子。有一天,儿子不顺从妈妈的强力施压了,很可能会出大事。

有个男孩子,从小到大都很温顺,父母让做什么就努力去做,从没反抗过。别的孩子都在外边玩,父母让他学习,他就在家里踏踏实实学习! 他喜欢班里的一个女孩。妈妈说:"早恋影响学习,你可不能早恋啊!"为了让妈妈放心,他和那个女孩形同陌路。大学毕业后,他要支边三年,妈妈不同意,两人僵持不下。妈妈寻死觅活,觉得这样可以感动儿子。谁知,儿子一气之下,服了大量安眠药。要不是抢救及时,就丢了性命。

事事顺从父母的孩子,往往压抑了天性,抹杀了自己的真实需要,失去自我,也就失去了生命的意义。

父母多倾听孩子的话,让孩子感受到被尊重,教养会更顺利。如何做到多听孩子的话呢?

1. 别把不听话归结为逆反

逆反是孩子成长中的正常反应,幼儿和青春期两个阶段表现最为强烈,幼儿期是孩子争取自我独立,青春期是争取行为独立。只要父母尊重孩子的独立需要,不过多地压制和束缚,孩子的反抗性就不会时时表现。

孩子生下来很听父母的话,一天一天长大,变得不听话,是父母教养不当的结果,父母需要改变。尊重孩子的独立人格。他不听话时,不要觉得是故意跟你作对或者不学好;更不要发怒,脱口而出的批评、指责会让状况更加糟糕。父母耐心地倾听,情况会有所好转。

2. 在孩子面前,收敛你的坏情绪

既然要跟孩子说事情,就不要带有情绪。你的情绪会传递给孩子,你发怒,他也发怒;你训斥,他生气;你命令,他逆反!还怎么说事情呢?

压不住火气的时候,就暂且把事情放一放。然后,找一个大人、孩子都放松的时刻,和孩子聊一聊。给孩子机会,让他把事情的经过讲一讲,他为什么这么做。肯定孩子的想法和做法中好的方面,然后指出不足。这样,给足了孩子面子。孩子觉得父母理解自己,做到了公正,没有一味地挑毛病,就愿意与父母交谈。

3. 负面评价很糟糕

负面评价带来负面成长,贴标签的话语,带来的是孩子更加严重的逆反和不听话。

孩子是独立的个体,有自己的特质、思想。这指导着他们以自己的方式去处理一些事情。处理方式不够完美、不够完善,甚至伤害了别人的利益,这些需要改善。这种"孩子气"是成长的特征,不是缺点,更不是不良表现,成熟起来后就能有所改变。

4. 接受孩子的表达能力

孩子说话慢也好,语言表达不顺畅也罢,家长都不要急,更不要斥责孩子。给孩子倒一杯水,拿一些水果,让孩子先放松一下,然后慢慢说。当孩子的心被温暖后,我们更能听到孩子的心里话。

当孩子不知道说什么好的时候,你可以问孩子一些问题。注意,一定要问开放性问题。开放性问题让孩子感受到自主,封闭性问题打不开孩子的嘴。问什么呢? 比如,"你当时是怎么想的""回忆一下事情的经过好吗"。

勤奋的习惯从小培养

"琪琪,看看家里的冰淇淋还剩几个,妈妈待会儿去采购!""琪琪,妈妈有事情,你自己换一下鞋垫!""电话铃响了,妈妈在忙,你帮妈妈接一下吧!""10岁了,给妈妈做点吃的,好吗?"这样的求助,在琪琪家里是经常出现的。

你是不是觉得这位妈妈很懒? 事实上,她是出了名的勤快人!那么,她为什么对女儿这么"苛刻"? 当然是别有用意啊! 她想让女儿也成为一个勤快人!

> 《三字经》曰:勤有功,戏无益。戒之哉,宜勉力。

凡是勤奋上进的人,都会有好的收获,而只顾贪玩,浪费了大好时光,是一定会后悔的。

勤奋或者懒惰不是天生的。一个人是否勤奋,在于父母的教养。

琪琪的父母有什么事情,总喜欢喊琪琪来做。从两三岁起,琪琪就是家里的小服务生。"琪琪,看看家里的冰淇淋还剩几个,妈妈待会儿去采购!""琪琪,妈妈有事情,你自己换一下鞋垫!""电话铃响了,妈妈在忙,你帮妈妈接一下吧!"3岁起,早晨起来,妈妈把衣服摆好,叮嘱琪琪自己穿,就忙自己的事情去了。五六岁的时候,琪琪看着地板脏,就能自觉地擦地板了。

有人问琪琪的妈妈,琪琪这么勤快,是怎么教育的呢?妈妈说:"大人适当懒惰,给孩子一些事情做。要舍得让孩子做事,做点小事累不到,但孩子学会了做事,消耗了体能,锻炼了身体,避免了捣乱生事,多好啊!"

琪琪妈妈的育儿经是舍得让孩子做事,孩子自己能做的事情就让孩子自己做。再看看雯雯妈妈的做法吧!

雯雯的妈妈很勤快,下班后,除了忙家务,还要读书、学习,准备明天的工作,一直忙忙碌碌!雯雯能自己做的事情,她从不代劳,叮嘱几句,就忙自己的事情去了。每当妈妈开始学习时,雯雯就去自己的书桌上写作业。

很多人羡慕雯雯不用妈妈陪就能自己写完作业。妈妈说:"大人喜欢学习,孩子也会受到影响!一旦孩子勤奋起来,她就会很享受这种状态,懒惰倒让她心里不踏实!"

雯雯妈妈的育儿经是交代孩子做什么后,就忙自己的事情。妈妈忙碌的身影能激励孩子去做事。

一些孩子之所以懒惰，不喜欢做事情，关键在于父母没有养成勤奋的习惯。为什么世界上有那么多人甘愿臣服于"勤奋"两个字呢？这是因为勤奋让他们身心舒适，感到快乐、充实、满足。古人早就说过"一勤天下无难事"，又说"勤一分有一分的收获，闲半刻少半刻的光阴"，还说"业精于勤，荒于嬉，行成于思，毁于遂"。

要想使孩子未来的人生更美好一点、更幸福一点，收获更多一点，就要早早地让他品尝通过勤奋而收获的甘甜果实。

1. 从小就做"勤奋小孩"

孩子在模仿中学习，父母做事，他也会跃跃欲试。当孩子想做事的意愿得到满足后，父母鼓励几句，便能调动起孩子做事的积极性。

孩子小时候开始做事时，能做的事情就是整理玩具、收放拖鞋、摆拿碗筷、收纳书本等。大人眼里的小事，对孩子来讲，做好了可不容易。孩子做完了事，父母鼓励几句，正契合孩子的心理需要，增强其满足感，以后还会做。多次做事后，养成习惯，就是"勤奋小孩"。

对任何人来讲，勤奋不仅限于做事，还包括其他付出体力的运动。会走路的宝宝让他自己走，早晨早起去散步，较近的距离走路去，周末去打球等，这些较之待在家里看电视，更有利于孩子形成勤奋的品质。

如果你想孩子能做事，就要给他做事的机会。做什么？不要觉得难，可做的事情很多，一点点小事情都能锻炼孩子的行为能力。比如，学做一餐饭，学擦一次地板。

第一次做饭，即使很细心的孩子，通过观察父母做饭，了解做饭的程序,实际做起来也会手忙脚乱,做出来的饭菜,可能味道怪到难以下咽。这种情况下,怎么办呢? 娇娇妈妈做得特别好!

星期天,爸爸上班去了,家里只有娇娇和妈妈,妈妈说让小公主当家,锻炼一下。

娇娇写完作业,便想,中饭吃点什么呢? 脑中迅速闪过全家人吃面条的样子。对! 吃面条。做面条既快,又省事! 娇娇让妈妈去买面条和蔬菜。妈妈说:"今天你当家,我放权! 不掺和!"娇娇上网查阅了面条的做法,写在一张纸上。然后,拿了钱去菜市场。先买了10元钱的面条。

配什么菜呢? 西红柿鸡蛋打卤,然后凉拌黄瓜,清爽,美容。来到菜市场,看到卖西红柿的可多了,一筐又一筐,大大小小,红红的。买哪一家好呢?

娇娇拍拍脑袋,想起来了,妈妈平时买九分熟的,到家就可以吃。完全成熟的容易坏。娇娇买了5个西红柿,3根黄瓜。

烧水,煮面。这当口,洗西红柿和黄瓜。水开了,下面。面熟了,凉水过几遍。端到餐桌上,冲妈妈笑一笑。打卤需要西红柿和鸡蛋。先摊鸡蛋。可娇娇找遍了厨房的每个角落,也没发现鸡蛋的影子。

问妈妈:"鸡蛋放在哪里呢?"妈妈说:"昨天吃完了。""啊? 您怎么不早说呢?"娇娇皱着眉头,出去买鸡蛋。

买鸡蛋回来,接着忙碌,快下午一点了,终于可以开饭了。娇娇看看桌上的饭菜,面条有点软,没了劲道的口感;鸡蛋糊了,还有点咸;至于黄瓜,切得粗粗细细,很难看。但是,妈妈吃得很开心,她说:"我女儿会做饭了,妈妈很开心! 再接再厉呀! 下周,给爸爸做一次,让他也尝一下女儿的手艺!"

父母吃得香，孩子受到鼓励，下次还想做。整个做饭的过程，买菜、洗菜、烹饪、端上桌，每做好一件事情，都经受一次体力和耐力的考验。做出来，孩子就能提升自信心。有了自信，还担心孩子不敢做事吗？敢做，就会做。

有的父母担心做饭会占用孩子大部分的学习时间。大可不必担心，提前协调好时间，协调好任务的轻重就好了。假日、周末，可以做一餐简单的饭菜；作业少的时候，可以给妈妈打下手。

2. 勤奋起来，有个科学的过程

有一个故事，讲的是父亲临终前留下遗言，说葡萄架下有宝贝。父亲去世后，孩子们狠挖一番，没找到宝贝。但是，到了第二年，葡萄大丰收。孩子们领悟到，最好的宝贝就是勤奋啊！

自古一理，有付出才有收获。

家长千万不要觉得，孩子还小，不需要做事情，长大了自然就会做。从孩子心理发展的角度来讲，形成勤奋的品质需要一个科学的过程。2岁左右开始形成自理能力，3岁以后拥有做事的主动性，小学阶段能够积极、主动地完成学习以及其他的事情。

小学阶段，也就是六七岁到十一二岁，是培养孩子勤奋习惯的关键期。在这个阶段，如果孩子足够勤奋，努力掌握重要的社会生存和学习技能，会感到很自信。否则，就会自卑。

在这个阶段，孩子身体发育趋于成熟，能胜任很多事情。他们一面要完成学业，一面要跟着兴趣向着未知领域探索、摆积木、拆掉玩具手枪、踩着滑板从台阶上飞下来、自己削苹果、自己做一餐饭。这两方面父母都要支持，孩子才能获取知识、经验，并把知识和经验连接起来，让学习和生活晋级。

3. 归因于内部、可控的因素

从激发孩子学习动机的角度来看,如果将成就归因于内部因素,孩子会产生自豪感,从而增强学习动机。什么是内部因素? 个人的能力、自身努力、兴趣、态度等都属于内部因素。把学习的成功和失败归结于内部、可控的因素,能产生强烈的情绪体验。

当孩子的作业错误多或者成绩差时,别打骂孩子,别说孩子笨。尽可能地说,孩子不够努力! 这种可控因素,会促使孩子积极地争取成功。领着孩子好好复习,一遍又一遍,多下功夫,使得孩子彻底掌握知识。成绩好时,跟孩子说:"只要努力、勤奋学习,就能取得好成绩!"

尊重而不是责骂

有的父母认为,责骂是一种矫正孩子行为的好方法,动不动就责骂孩子,觉得这样孩子才能变好。其实,父母这么做大大伤害了孩子的自尊心,丝毫没有考虑到孩子的感受。自尊是对自己的一种认可的态度。没了自尊,孩子还能扬帆远航吗?

> 《弟子规》曰:父母责,须顺承。

古人认为,即使被父母责骂,也要顺从地接受。那是一部分人的带有封建色彩的教养方式,大大禁锢了孩子的天性。做无视孩子尊严的"封建家长",会导致孩子自卑、胆怯,盲目顺从长辈。

责骂孩子因为会给孩子带来太多的伤害,在今天,已经成为不被认可的教育方式。父母应学会不打不骂教孩子。

作为父母,你知道责骂孩子的时候,孩子心里怎么想吗?

娜娜在沙发上玩前滚翻,妈妈说:"把你玩的纸片收拾干净!多大了,还撕纸玩!"娜娜嘴上答应,却不见行动。她玩得更开心了,在沙发上跳上跳下,带掉了沙发罩。妈妈生气了:"臭孩子!越说越来劲!是疯了,还是吃错药了?一边待着去!"娜娜狠狠地看了妈妈一眼,去别处玩了。

妈妈一边收拾一边叨唠:"都多大了,还不知道爱干净!狗狗3天没洗澡了,去,给狗狗洗澡!"娜娜说:"谁说没洗呀!我昨天放学后就给狗狗洗了!"娜娜生气了,躲进房间,到晚上都没有出来!

父母的责骂,自尊心强的孩子会不服气,甚至会反驳、顶撞父母;自尊心不够强的孩子,觉得自己能力低,极易形成自卑心理。不管什么样的孩子,长期在粗暴的家庭环境中成长,内心孤独、冷漠,可能会形成人格障碍。

父母如果希望孩子拥有自信,那么,就闭上责骂的嘴巴,多包容、肯定孩子吧!

孩子成长中有个制造麻烦的过程,父母接纳这一点,就会有意识地控制自己的情绪。

当孩子把家里搞得一团糟,累极了的父母会生气。脾气上来时,压一压,把孩子喊过来,告诉他:"你今天的行为,给父母制造了麻烦,你要自己负责,把家里打扫干净!"如果孩子还小,不具备这个能力,就告诉他:"你还小,妈妈心疼你,可以和你一起清扫!"收拾干净后,再告诉孩子:"玩耍当然可以,妈妈支持你,但要选择合适的地方,或者玩过以后,收拾干净!"

责骂孩子的情况很容易发生,如何避免呢?

1. 尊重孩子的人格

每时每刻,都记得把孩子的人格放在和大人平等的地位上,这样,才会尊重孩子,从孩子的角度考虑问题,采取孩子可以接纳的方法沟通。

智智躺在沙发上看电视的时候,妈妈正在厨房做菜。正要烧鱼,妈妈发现家里的料酒没了,必须马上去买。厨房里还煮着其他的菜,自己出不去。

妈妈来到客厅,儿子正对着电视哈哈大笑呢!命令他去买料酒,可能有情绪。牛脾气上来,完全没戏。

妈妈想了个小办法。

妈妈对儿子说:"儿子,妈妈要给你做红烧草鱼,刚发现料酒没了。锅里正炖着栗子鸡呢。你少看一会儿电视,帮妈妈看着锅里的汤别外溢,我去买料酒,可以吗? 当然,你也可以帮妈妈去超市买料酒。"

儿子想了想说:"我去买料酒吧!"

只有真正尊重孩子,在有求于孩子的时候,才不会直接下命令,而是以商量的语气请求帮助。

2. 重视孩子的要求

要知道,孩子有孩子的思维逻辑和做事方式,孩子眼里的世界,和大人的有着很大的区别。你眼里的破坏却是他心中的探索与发现，你心中的规矩可能是限制他快乐的枷锁。别任性地要孩子跟着你的脚步走，跟在他们身后，细心观察，你的惊喜一定不少。

一位妈妈，带着8岁的儿子遛弯儿，和儿子说好了，玩半个小时，就回去写作业。小树林里的一只刺猬吸引了儿子的注意力，刺猬浑身是刺，灰不溜秋，妈妈看了有点不舒服。儿子却很喜欢，蹲下来，用一根树枝，小心地拨拉着玩。十分钟、二十分钟、半个小时过去了，儿子没有要走的意思。

妈妈说："太晚了，回家吧，否则写不完作业了！"儿子恳求道："妈妈，再让我玩一会儿吧，我保证把作业写完！"妈妈心里很着急，她喜欢的电视剧，已经开演了。但是，妈妈忍住了，她又陪着儿子玩了半个小时。回家后，儿子忍着困倦，一鼓作气把作业写完了。

那一刻，妈妈觉得，自己做了一件特别正确的事情。家长一定要记住，孩子的需要也很重要。

3. 保持冷静

孩子犯错不可避免。有的时候，孩子所犯的错误会给大人带来很多麻烦，让本已身心俱疲的父母怒火中烧，带着责骂的批评教育劈头盖脸就来了。

这种情景下，父母先要冷静下来，过后再和孩子沟通，让他明白错在哪里，如何改正。学会温柔地指出孩子的错误，等于在努力践行一个培养好孩子的教育方式，可以避免孩子的性格变得敏感。

快改小恶习

涉及品质、德行的行为问题，即使很小，也要重视，及时改正，才不会内化成习惯行为。不过问相当于纵容。纵容是坏品质形成的温床。最好的教育是在孩子心中树立起改了就是好孩子的观念，下次不再犯。

> 《弟子规》曰：见人恶，即内省，有则改，无加警。过能改，归于无，倘掩饰，增一辜。无心非，名为错，有心非，名为恶。

如果发觉别人做了坏事，就要自我检讨，假如发现自己有错误，就必须加以改正，假如自己没有错，也要自我警惕。犯了错误而能及时改正，就相当于没有做过错事一样。若犯了错反而加以掩饰，那就是错上加错了。如果无意中做了坏事，这就叫"错"；若是故意为非作歹，这就叫"恶"。

除了家长不懂教育导致的"成长错"，孩子偶尔也会有"小恶习"，怎么办呢？

人非圣贤，孰能无过？更何况孩子。开国元勋刘少奇说过："任何人都可能犯错误，人从降生的那一天起，便可能不断地犯错误。只有在不断地犯错误、碰钉子的过程中，才能逐渐懂得事情。"每一位家长都要有这样的认识和觉悟，才不会伤到孩子。

夏日的一天，我和宝宝在小区外边玩。妈妈们聊天的时候，一个孩子跑向了马路另一侧。这时，一辆汽车从远处驶来，很危险！大家都看到了！不停地冲汽车司机招手！司机看到了，轻松地绕开了孩子！

"啪啪!"那个孩子的妈妈走过去,一边叫喊,一边给了孩子两巴掌。"你不知道有车吗? 让你乱跑!"孩子哇哇大哭!

后来,我问孩子:"为什么突然跑去那边?"他不吱声,右手紧紧地握成拳头。我说:"那是什么?"他慢慢打开右手掌,是一颗糖。原来,他是跑去那边吃糖。

这个孩子为了不因吃糖而被妈妈教训,想避开妈妈,偷偷吃,差点被车撞了。他怎么会不知道横穿马路的危险呢? 明知故犯,是一种对待错误的不正确态度。孩子对待错误的态度来自于父母的教养方式。

阳阳这几天心情不好。他心里藏着一件事,想跟妈妈说,但又担心被责罚,就一直憋在心里。被事情压得难受,实在憋不下去了,他鼓足勇气告诉了妈妈。妈妈没有发怒,而是和颜悦色地说:"没有告诉同学就用了人家的笔,还弄坏了,是不礼貌的行为。你当时很着急,同学又不在,拿起来就用了,妈妈可以理解。找个机会,跟同学解释清楚。道歉,一定要道歉! 为了显示你的诚意,道歉后请那个同学看场电影吧!"

孩子思想单纯,做事情考虑不周全,涉及是非问题时,父母一定要在第一时间说清楚。孩子犯了错误,家长耐心指出来,帮助孩子补救,能完善他们的是非观。他们会觉得,父母并没有看低自己,而是帮助自己成长。

能力不足导致的错误和跟品质、德行有关的错误,伤害性质不一样,教育侧重点也不一样。前者重在帮助孩子提高能力,教会其正确的做法;后者在于及时纠正,减少伤害,提高认识,不再犯错。

1. 和孩子站到一起

孩子犯了错误,家长不要急躁,先要搞清楚状况,冷静下来分析犯错的原因。对待孩子的错误,既不能简单化,也不能求全责备,更不能以一错定性。

有的孩子犯错后不敢承认,问题出在父母身上。非打即骂、狂吼乱叫,搞得孩子胆战心惊。弱势的孩子只能选择用撒谎的方式来逃避。

犯了错误,孩子自己也很难受。这个时候,最需要父母的信任和支持。家长不要贬低孩子,应默默陪伴在孩子身边,和他一起解决问题,改正错误。

2. 不姑息"恶行"

当孩子有把坏事向自己不喜欢的同学身上栽、欺负老实同学、毁坏学校物品、常常偷拿别人的东西、胡乱说别人坏话等行为时,应有合适的处理方式。比如,平心静气地跟孩子讲道理后,有针对性地来处理:伤害了人,要去道歉;毁坏了东西,要赔偿;弄乱了环境,要打扫。错误大了,就要写检查,以帮助其认识错误。屡教不改时,可以通过撤销孩子喜欢的某项权利,来强化他对所犯错误付出代价的认识。

3. "小恶习"要及时改

涉及品质、德行的行为问题,即使很小,也要及时改正。不过问相当于纵容,纵容是坏品质成长的温床。

孩子有了小错误,比如说脏话,当时不要黑脸,过后细谈,让孩子认清说脏话的危害,改变孩子脑海里的不在乎的错误观念,孩子才会努力控制自我。

妈妈和孩子在一起的时候,可以问问孩子,最近有没有哪个小朋友或者同学犯错误受惩罚。如果有,让孩子具体讲一讲。孩子讲述的过程就是对错误的认识过程,能起到自我提醒的作用。

如果孩子有幸灾乐祸看热闹的心态,妈妈要告诉孩子,小伙伴犯错误要引以为戒,不能事不关己,要反省自我。更不能看不起犯错误的同学,改正了就是好孩子!

学"尧舜",让孩子适应公正

真正的爱,不是无原则地想方设法把好东西带给孩子。有权势的父母,如果模糊了爱的界限,在官位面前,偏袒儿子,徇私情,犯的是大错,最终害的还是孩子。

《三字经》曰:唐有虞,号二帝,相揖逊,称盛世。

在那个继承王位"采用禅让制,而非世袭制,王位通过民意的选举传给有才德的人"的时代,"二帝"谁都没有偏爱过自己的孩子。黄帝之后,有唐尧和虞舜两位帝王,尧认为自己的儿子不肖,而把帝位传给了德才兼备的舜。在舜的治理下,天下太平,人人称颂。

即使贵为国家掌舵人,在孩子面前,也应做个谦卑的父母,把未来留给孩子努力。这么做看似不顾孩子的利益,实则是对孩子最好的保护。毕竟,人尽其才是最恰当的存在。

尧在晚年的时候,觉得有必要选择一个继承人。他认为,自己的儿子丹朱凶顽不可用,就跟四方的贤人商量谁可以来继承帝位。所有的人都推荐了舜。经过各种考查,尧对舜满意了,把位置禅让给舜。

舜在年老的时候,真正地继承了尧的精神。舜考查了儿子商均后,觉得不才,没有让他继承帝位,而是确立了威望最高的禹作为继任者。

尧帝、舜帝,大公无私,懂得做人、做事、做官的规矩,不徇私情,开创了那个时代的和平。

从另一个角度来讲,父亲这样做,不但尽到了自己的职责,有利于人民,也保护了孩子。

有一位省委副书记,在工作途中得了重病,在去医院的路上,他叮嘱司机,别闯红灯。他很爱他的妻子,但从不用手中的权力来表达爱。在他的影响下,他的妻子从不帮人说情,不传口信,不接受任何礼品。有一次,他的儿子坐上他的车,硬被他赶了下去。

真正的爱,不是无原则地把任何好的东西都给孩子。纵容孩子的贪欲,模糊了爱的界限,容易出现溺爱孩子的情况。被溺爱的孩子做事没分寸,霸道、自私。

要知道,什么能力的人,做什么样的事情。孩子好就是好,不好就是不好;有能力就是有能力,能力不强就是不强。在利益面前,不应该偏袒孩子。

1. 放手,让孩子竞争

任何一个孩子,在这个世界上都要和他人竞争,小的时候,为了一个玩具,一个玩耍的地盘,会跟人斗气动手;长大了,在学习和工作中,会有很多竞争对手。竞争是生命的常态,要靠实力去征服。懂得这个道理,才能平静地面对成败。这有利于孩子看清自己的能力,是自我认识的好途径。

2. 从儿时起,就不袒护

小的时候,父母严格要求,孩子才会以公正的态度面对他人,不寻求庇护,有靠自己努力的意识,长大后更能以平静的心态面对挑战。

耀耀和小朋友吵架,被对方打了。耀耀爸爸看到儿子肿起的胳膊,很生气,问那个小朋友:"为什么打人?"小朋友仰起脖子说:"他拿了我的玩具枪,我要,他不给,还拿着跑,我就动手了!"爸爸问耀耀有没有这回事,耀耀摇头,爸爸信了,指责对方无理取闹。事实上,耀耀拿了玩具枪,也跑了。

爸爸没有经过调查就相信了儿子,结果呢?耀耀认识不到错误,还会抢玩具、挨打!没有人喜欢跟耀耀玩,他抢玩具、撒谎,交不到知心朋友,不利于情商发展。

孩子之间玩耍、打闹一般无伤害,父母尽量不要介入,大多数时候,孩子都能处理好。一定要介入的话,就要主持公道。如果护着自家孩子,只会弱化孩子的交往能力。

你的孩子可以与"子路和冉有"一样幸运

孩子的先天气质不一样,教养方式就有区别,智能优势不同,培养特长就有区别,这样才能人尽其才。就像喜水的花不能旱、喜阴的花不能晒一样,外向的孩子圈着养不好,内向的孩子让他到处跑会累。

《三字经》曰:论语者,二十篇。群弟子,记善言。

《论语》这本书共有二十篇。这是孔子的弟子们,以及弟子的弟子们,记载有关孔子言论的一部书。

孔子"因材施教"的教学理念契合当下人们所追求的个性化培养。

在孔子的教育案例中,子路和冉有向孔子提问题的故事,很有名。

子路和冉有向孔子请教问题:"听到一个很好的主张,是不是应该马上去做呢?"孔子对子路说:"家里父兄在,你应该先向他们请教再说,哪能马上去做呢?"对冉有说:"应当马上就去做。"有弟子不明白,问的是同一个问题,为什么孔子给出了不同的答案? 公西华问孔子:"这是为什么呢?"孔子说:"冉有缺乏勇气,平日做事总是退缩,要加以鼓励,使他勇于向前;子路见义勇为,胆量大,过于急躁,所以要加以抑制。"

当科技发展到今天,可以检测孩子的气质类型、优势智能,但我们真的做到因材施教了吗?

曾经有一幅漫画很生动地概括了中国孩子的成长之路。这些孩子进学校之前有方的、三角形的、矩形的,结果出来之后都成圆的了。这样做的结局是孩子被统一的成长方式——"精英教育"打磨成了没有个性的人。这里的"精英教育"指的是把孩子向着成为科学家、博士之类的人才进行教育,结果,很多可以成为音乐家、画家、语言学家的孩子,没有当成音乐家、画家、语言学家,也没有成为科学家、博士,有的甚至都不具备做好一份普通工作的能力。

在世界范围内,中国的家长在教育孩子上花费的心血一点都不少,但杰出人才并不多,为什么呢? 研究者对美国教育和中国教育做了一下比较。

美国的家庭教育方式是,把每一个孩子都当作普通人,尊重他们的意愿,想玩就玩,想学就学。在孩子成长的过程中,不断地发现孩子的兴趣和特征。这样,相当一部分孩子成了精英。

中国的家长从孩子一出生就把孩子当成精英,让孩子学这学那,结果孩子成为精英的并不多。

每个孩子都有自己先天的气质特点,不同的孩子具有不同的优势智能。我们了解了,才懂得如何发挥优势,避免弱势,引导他们成为最好的自己。

多血质的人活泼、好动、敏感、开朗、健谈、喜欢与人交往、注意力容易转移、兴趣和情感易变换等。一般适合做外交、管理、律师、驾驶员、运动员等类型的工作。

黏液质的人被动、谨慎、有思想、平静,善于克制忍让,生活有规律,不为无关的事情分心,埋头苦干,态度持重,严肃认真。一般适合做会计、出纳员、话务员、播音员等类型的工作。

胆汁质的人热情、直爽,爱生气,不安静,精力旺盛,脾气急躁,心境变化剧烈,易动感情,爱冲动。一般适合做导游、推销员、节目主持人、公共关系人员等类型的工作。

抑郁质的人为人小心、谨慎,安静、不善外交,有节制,容易悲观,有理想,刻板,喜怒无常。一般适合校对、检察员、化验员、保管员、登记员等类型的工作。

孩子的先天气质不一样,教养方式就有区别。要顺应孩子的气质特点。

柳柳5岁半,据老师反映,他在幼儿园里话很少,喜欢一个人玩。有两三个好朋友。看上去,别的小朋友都愿意和他玩,也能玩到一起。但更多的时候,他一个人鼓捣着玩。

妈妈觉得这样会影响柳柳的情商发展,不断地带他见世面,参加各种文体活动、成年人聚会,可是柳柳一点都不开心。后来,妈妈都带不动他了。柳柳说:"太累,喜欢一个人在家里看漫画。"妈妈说:"小小年纪,怎么那么容易累?懒惰!"

内向的孩子具有容易疲惫的特点,想要他们像外向的孩子那样群体追逐、奔跑,参加各种活动有点难,强行这么做,会让孩子感到累、反感。如果根据孩子的气质特点,创造一对一的单独交往,他们会开心接受。

父母了解孩子的气质特点,更利于培养孩子的性格。在孩子能力发展方面,父母更要用心,需要细心观察,找到孩子的优势智能,给以特别培养,更利于孩子成为有特长的人。

根据孩子的特点规划培养方式,寻找到更好的教育方法,孩子过得轻松、有趣,家长教得容易。

让"父母命"更有效

在孩子面前,父母说的话被当成耳旁风,不仅是父母感觉没面子,也会影响孩子的成长。孩子从小时候听话到长大后不听话,中间隔着的是十几年不恰当的教养方式。

> 《弟子规》曰:父母命,行勿懒。

古人教导孩子,父母交代的事情,赶紧去做,不要偷懒。我们当然希望自己的孩子都这样。可是,为什么有的孩子不能快速行动呢? 常见的原因有以下几个。

1. 不会做或不感兴趣

妈妈吩咐了一个任务,有的孩子不及时应答可能因为不会做,也有的孩子可能因为对要做的事情不感兴趣。不会做,怎么办? 有的孩子直接回绝父母,说自己不会。有的孩子怕被父母责骂,磨蹭着,不应答。而对需要做的事情不感兴趣的孩子,一般都应答较慢。兴趣是最好的老师,没兴趣的事情难度相对较高,会妨碍孩子应答的速度。不管哪种情况,都与孩子缺少历练有关。

当不会做或不感兴趣变成一种常态的时候,孩子的眼里便没有事情可做,你让他做事,他也不会为此而愧疚。

2. 懒惰

不想做,就装听不见,以不作为的方式对抗父母。不愿意等的父母,自己就做了。这是懒人最想要的结果,只要自己不出力,谁做都可以。为什么一些勤快的父母养育的孩子反倒很懒惰呢?就在于父母做事干脆、利落,孩子小的时候嫌孩子慢自己代劳,孩子丧失了做事的机会,不会做事的同时,也养成了懒惰的习惯。

对于一个懒孩子,当父母的号令一次次失去效力后,他也就一次次失去了培养必备能力的机会。

3. 家长的溺爱使孩子形成了依赖心理

现在的孩子,在家里享受的是全方位服务,说是"衣来伸手、饭来张口",一点不为过。比如,孩子小的时候,穿衣服不利索,家长看到会着急,索性伸手帮孩子穿好;吃饭时,孩子用筷子不熟练,会把饭弄得哪里都是,家长看不过去,就一口一口地喂孩子吃。这样,孩子的动手能力没能得到很好的发展。久而久之,孩子处理事情的能力可想而知。一旦父母委派孩子做事情,孩子往往会找各种借口推脱。

4. 孩子有了逆反心理

有的父母动不动就命令孩子:"把我的眼镜拿来!""不要动那本书!""今天晚上不准出去玩!""都喊了好几遍了,怎么还不起床?"父母不顾及孩子的感受,不管孩子当时有没有时间,心情怎么样,以绝对权威的姿态要求孩子去做事,孩子产生厌烦、压抑的负面情绪和逆反心理,感受不到亲子间人格上的平等。

我们都期望吩咐孩子做一件事,他们能欣然领命。这样大人省劲,孩子懂事。如何做到这一点呢?

1. 走进孩子心里

家长要走进孩子心里,以他们能接受的方式引导、唤醒、帮助孩子成长,一言一行中不可以有改造、奴役的味道,孩子感受到两颗心的温暖碰撞,就会顺从父母的意愿。

就拿起床这件事来说,到点了,他不起,你先要表示理解,然后让其看到后果。"这么温暖的被窝,谁都想多睡会儿啊!可是,现在不早了,再不起床,上学就要迟到了!"说完,就去做自己的事情,孩子知道轻重。

如果真的迟到了,那就更好办了。晚上,到了休息时间,他还没睡,直接告诉他:"该睡觉了! 明天不能再迟到了! 我儿子还要再做一次'焦点'吗?"

没有哪个孩子愿意顶着老师、同学热辣辣的目光走进教室,遇上严厉的老师,还会被批评几句。把这样的压力轻描淡写地展示给孩子,产生的压力远远胜过父母的指责、唠叨。

2. 不要发火

你的"命令"是否有效,在于你是否培养了孩子完成任务的能力。你没教孩子收拾房间,他没收拾过房间,当然不具备收拾房间的能力。在孩子心中,收拾房间是一件与他无关的事情。

有的妈妈看到孩子在乱糟糟的家里安然玩耍,有些不悦,大喊:

"这么乱你怎么就待得下去呢?"不用说十几岁的孩子,就是几十岁的人,如果没有做家务的习惯,只有接受乱的状态了。而且,如果哪天干净整洁了,还可能不习惯。

《现代快报》载,南京某高校"80后"博士生因为不做家务,与身为大学教师的妻子屡屡发生矛盾,最后起诉离婚,直接导火索是妻子逼迫他饭后洗碗。

为了让孩子具备处理事情的能力,就必须在孩子到了该做事的时候,给他事情做,不溺爱孩子,不把孩子宠成"小皇帝"或"小公主"。这样,他才懂得做事。否则,多少事情摆在面前,家长怎么下达命令,他眼里都没有事情可做。

你想要孩子很好地领命,就要先培养他完成使命的能力。这是让"父母命"更有效的重要前提。

育自己,育孩子

以前听过这么一句话,儿子都这么大了,家长还吊儿郎当。当时有点不理解。现在想来,大概意思是,做父母的是孩子的榜样,要有个好样子,才是负责任的表现。

《弟子规》曰:身贵端。

父母要注重自己的品行端正、庄重,以身作则,不可轻浮、随便。父母是孩子的榜样，孩子除了学习父母的行为，还会"反驳"父母的做法。正所谓，"其身正，不令而行；其身不正，虽令不从"。

曾在一本书上看到一则漫画。夜深了，孩子坐在电视机前看电视，妈妈来了，训斥几句，孩子噘嘴上床了。

接下来，妈妈坐下来看电视。孩子呢？孩子没有睡觉，正通过墙上的镜子看电视呢。妈妈在外边看，儿子在里面看。

要想孩子不看电视，按时睡觉，自己就不要熬夜看电视。否则，孩子难以入睡。

"身教重于言教。"父母的言行举止、对待生活的态度、对待孩子的态度、做事的方式等，时刻都在影响着孩子，而且，效果远大于说教。父母浪费，孩子难节俭；要想孩子宽容大度，父母就不能小肚鸡肠；要想教出好孩子，父母先提高自身修养。

孩子在成长的过程中，和父母待在一起的时间最久，受到的来自父母的影响当然也最大。骨血亲情使得孩子常以父母为最直接的模仿对象，经过多次的模仿，就有了类似父母的心理定势和性格特征。从一定程度上来说，父母什么样，孩子就会是什么样。

钱学森先生的儿子钱永刚很优秀，他在回答钱老是如何教育子女这个问题的时候，说："如果说我们家有什么教育秘诀的话，那就是'不教育'。我们家要说'言传'，几乎没有，主要靠'身教'。回想我从小到大，主要是看父母怎么做，我就怎么做。他们从来不会跟我说你要这样或者不要那样，而是用他们做人做事的方式自然而然地影响我。"

有一次，家里的炊事员很郑重地对钱永刚说："你父亲是个有学问、有文化的人。"钱永刚当时就说："这还用你说，我当然知道了！"但炊事员接着解释的话让钱永刚记住了一辈子："你看你父亲每次下来吃饭，都穿得整整齐齐，从来不穿拖鞋、背心。这是他看得起咱，尊重咱！"从此，钱永刚也向父亲学习，至今保留着吃饭要穿戴整齐的习惯。

父亲的治学态度对钱永刚的影响很大。钱永刚回忆说："有一年夏天，我路过父亲的书房，发现他正满头大汗地看书，认真程度让我自愧不如。""他用自己的行为告诉我什么是永不停步，什么叫活到老学到老。"

如果父母不喜欢读书、不思进取、耽于享乐，只是给孩子讲"好好学习、天天向上"的道理，嘴皮磨破了，孩子也只是听听。如果父母喜欢打麻将、打牌、玩游戏，根本没有管过孩子的学习，孩子成绩不理想时，就大打出手，孩子不逆反才怪呢！这样的父母培养的孩子也会玩牌、打麻将、进网吧玩游戏。

古人云："欲教子，先正其身。"如果父母努力学习，孩子就不会厌学、逃课。

艾奥瓦州立大学的一个研究小组发现，诸如"上梁不正下梁歪"这类俗语是有道理的。

主持这项研究的科学家维克勒马和他的同事访问了330名美国中西部的白人青少年和他们的父母。在了解他们的习惯时发现，青少年不仅在总体上仿效他们父母有害于健康的生活方式，而且还往往继承与父母相同的个别有益于或有害于健康的行为，如通过运动锻炼身体或吸烟等。

孔子曰:"其身正,不令而行;其身不正,虽令不从。"养育是一个不断提高自身修养的过程。父母把自己最好的状态呈现给孩子,就是最好的教养。

第二章　好家风"润子细无声"

　　"儿女不用管,全凭德行感。"好家风正气足,大爱无痕,严而不苛。好家风里没有暴力和霸权。父母重视教育,爱护孩子,不打骂、不责罚,以身作则。在这样的成长环境里,孩子像鱼儿一样快乐!

行书　江南春　隶书　雨露滋润(书写:陈彦霖)

德育在家里打底色

当孩子和父母形成安全型依赖关系时,良心就萌发了,再给以良好的教育,就会成为品德高尚的人。亲子关系好时,孩子能遵守父母提出的规则和要求,对父母评价自己行为对错时的情绪线索非常敏感,内化父母对其成败的反应,并会由此体验自豪、羞愧和内疚感。这些情感体验将会帮助他们评价和调节自己的行为,成为能够适应社会的人。

《三字经》曰:苟不教,性乃迁。

如果不从小进行教育,孩子善良的本性就会发生改变。时至今日,还是这个道理。善是德育的基础和核心,从善做起,孕育出德。

如何为孩子成为一个善良的人打下德育的基础呢?父母善待孩子,善待身边的人,引导孩子做事从善出发,是最基本的教养内容。

美国心理学家格塞尔做过一个著名的双生子实验,很好地证明了遗传、环境在孩子成长过程中的作用。遗传为儿童的发展提供了可能性,而要使这种可能性得以实现,就要依赖于环境与教育的作用。

孩子的成长环境,包括家庭环境、学校环境、社会环境。在这里,我们主要讲家庭环境。家庭环境是孩子成长的基础环境。家庭环境涉及物质环境、家风、父母教养方式等。通俗来讲,就是家风。

家风指的是历代家族传承下来的价值观、与价值观相关的伦理观和道德观以及实现这些的基本方法与规矩。家风为什么对孩子的影响那么大？孩子生活在家庭里，耳濡目染了家庭习气、行为方式，自然按着家庭的期望和行动去发展。孩子小的时候，这种影响几乎是百分之百的。长大后，即使认识到自身有来自家庭影响的坏习气，受多年潜移默化的影响，改变起来很难，也很痛苦。

苏联心理学家、教育家赞科夫说："人身上，唯一能持久的东西是少年时期吸收得来的东西，所以，最谨慎的办法是当他们年少的时候，便去把他们培训到合乎智慧标准。"德是智慧的根基。

家住北京市海淀区某小区的李大爷，84岁高龄时，身子骨还很硬朗，总是热衷于帮助别人，深受小区居民的尊敬。谈到他儿时所受的教育，他说："我的母亲教育我要堂堂正正做人！就是这一句话，时时提醒我在人生的道路上看清方向，以免走错路。"

我们对孩子有着特别美好的期待，希望他们有出息、身心健康、情商高、孝敬父母、能做自己喜欢的事情。要有如此高尚的人格，先要有好家风。在家风好的家庭里长大的孩子品德高尚。

家风败坏，孩子容易缺德，人生会远离光明。好父母把德作为家风建设的核心，家门兴旺，人员安康。

我们既是家风的继承者，也是家风的建设者。孩子也一样。岁月更迭，世事变迁，有德之人一生顺遂，踏实，坦然，更倾向于育德。

1. 父母有德

德育越早，孩子的德行越好。道德的发展有个内化的过程。当一两岁的宝宝鹦鹉学舌般地说了脏话，他并不知道这样不礼貌，父母反复说教后,他们还会重复说。但总有一天他们不说了,因为他们懂得了这样的话不文明。说脏话不礼貌这个道理已经内化成一个观念,人格中的超我逐步发挥作用。孩子大概在四五岁的时候,能逐渐控制自己。

父母的行为被宝宝尽收眼底,有道德和无道德的,他们分不清,却能学来做。父母不懂法,孩子容易犯法;父母赌博,孩子好赌;父母吸毒,孩子也会跟着贩毒。朋友中打架斗殴的人多,孩子的攻击性就容易被激发;朋友中小偷小摸的人多,孩子的占便宜心理就会蠢蠢欲动。

育德,先有德。父母有德,就有了培养孩子德行的良好开端。

2. 安全型依赖关系有利于宝宝的道德情感发展

德育从孩子出生的时候就开始了。我们爱孩子,满足孩子的物质和精神需要,孩子自然懂得爱别人,这是"德"的根基。接下来,我们会教孩子"父母招呼,及时应答""见到长辈,打招呼""离开,说再见""用完东西,放到原位""别人的玩具,想玩,用自己的玩具去交换,玩够了,还给人家,说'谢谢'"……这些行为规矩,渗透着孩子对别人的尊重,对自己行为的掌控,是有道德的行为,帮助孩子建立起社会人格的道德观。

婴幼儿时期,父母反应敏感,给予孩子很多温暖,能在互动游戏时帮助孩子实现愿望,并且与宝宝分享积极的情绪体验,促使宝宝与父母形成安全型依赖关系,良心就萌发了。有良心的孩子能遵守父母提出的规则和要求,对父母评价自己行为对错时的情绪线索非常敏感,开始内化父母对其成败的反应,并会由此体验自豪、羞愧和内疚感。这些情感体验将会帮助他们评价和调节自己的行为。

3. 强化孩子的道德行为

任何行为,被强化后,发生频率都会增加。如果你的孩子有了某个好的行为,要给予肯定和鼓励。比如,帮助了同学、孝顺爷爷奶奶、捡起了路边的垃圾等,鼓励几句,就能增强孩子做好事的动力。如果借此满足孩子一个渴望已久的愿望,那么推动力就更强了。

礼物:期许一个美好的未来

如果你时刻对孩子怀有美好的期望,愿他努力、善良,对父母有深深的情感,对未来充满信心,那么,孩子就真的能成为这样的人。

> 《三字经》曰:人遗子,金满赢。我教子,唯一经。

大概意思是,有的人遗留给子孙后代的是金银财宝,而我并不这样,我只希望他们能精于读书学习,长大后做个有所作为的人。

在这个世界上,有些家长拼命工作,希望为孩子创造更好的学习、生活条件,让他们在此基础上腾飞,能够有一个好的前程,因此对孩子的物质消费一点都不节制。这样的教育方式导致一些孩子眼里只有物质,不珍惜资源,肆意挥霍。一些人爱孩子的方式却害了孩子。有外国媒体曾批中国某些"富二代"炫富方式夸张,还把那些炫富的中国"富二代"定性为"社会威胁",但"肆意的炫耀给人感觉很可悲"。

如果你不想自己的孩子有如此下场,那么,就换个方式爱孩子,期许孩子一个美好的未来吧！教孩子读书学习、明白事理、积极上进，长大后做个有所作为的人。孩子在努力的过程中，自然会明白安逸的生活容易消磨人的意志，使人变得懒惰、不上进。即使父母真的拥有金银财宝，孩子也会有自己的梦想，为了实现梦想而不懈努力！

聪明的父母以鼓励的目光注视孩子，期许他有个美好的未来，因为他们知道，把丰厚的家财放到孩子手上，等于告诉孩子，你不具备赚这么多钱的能力，得指望老子。这样的行为暗示，无异于对孩子判了"你这辈子注定没有出息"的死刑，孩子就会这么发展。

大家都知道，微软联合创办人比尔·盖茨把财产全数捐给名下慈善基金比尔及梅琳达·盖茨基金会。难道他们不爱自己的孩子吗？当然不是。他们懂得如果父母认定孩子优秀，这个孩子就错不了，而不是一味地留给孩子万贯家财。

从孩子自身来讲，读书、学习努力后的成功带来的幸福感远远高于父母留下的亿万家财。

1. 期望孩子有作为

如果你对孩子怀有美好的期望，期望他努力、善良、爱学习，对父母有深深的情感，对未来充满信心，那么，孩子就真的能成为这样的人。

一个著名的心理学实验印证了这个道理。美国一些科学家来到一所学校的某个班级，声称评估学生的未来发展前景，然后把一份名单给了老师，说这些孩子有发展前途。8个月后，心理学家再次去学校，得知名列"有发展前途"名单的学生果然成绩进步更快，性格更开朗、活泼，跟老师的关系也更好。

为什么会有这样的结果？老师、父母的期待提升了孩子的自信，有自信的孩子对自己会有美好的期待，相信未来很顺利，就会积极追求，自然进步快。

2. 分清自己的和孩子的

很多父母口口声声对孩子说，我们这么努力赚钱，不都是为了你吗？家里的钱、房子，将来不都是你的吗？这么对孩子说，等于告诉孩子，我们在为你工作，将来你有吃有喝，不需要努力。一个从小不努力的孩子，未来还辉煌得起来吗？

和孩子分清我的、你的，父母的就是父母的，你的要靠自己拼搏去获得。这样，孩子才会有危机感和紧迫感，不敢懈怠。

父爱影响孩子的一生

在给孩子立规矩、带孩子锻炼身体方面，父亲的男性气质具有天然的威慑力，能改变孩子的懦弱性格。父亲在骑单车、爬山、赛跑、旅游过程中，表现出来的独立、果断、勇敢、冒险等是孩子最需要的精神气概。多和父亲在一起，孩子会被潜移默化地影响。

《三字经》曰：养不教，父之过。窦燕山，有义方。教五子，名俱扬。

生养子女却不给予良好的教育，这是做父亲的过错。窦燕山教育孩子有好的方法。他所教育的5个孩子，都学有所成，名扬四海。

世界排名前一百位的富翁,大多数都认为,此生最失败的事情,就是没有陪着孩子一起成长,而且为此流出了遗憾的泪水。是啊,即使一生叱咤风云,也抵不过花甲之年看到一个争气的儿子的幸福感。与其到了功成名就时为自己在教养子女方面的失责而悔恨,不如从现在起就做个好父亲。有父亲的陪伴,成长会变得有力量。

有研究显示,与父亲接触少的孩子,体重、身高、动作等方面的发育速度都会落后,并普遍存在焦虑、自尊心不强、情绪控制力弱等情感障碍,表现为畏缩、多动、依赖等。这种情况被专家称为"缺少父爱综合征"。

父亲带给孩子的力量有多大?下面这个故事或许能够帮你衡量。

有个年轻人,经过一天的伏案工作后,准备回家休息。走向电梯时,他发现着火了。透过滚滚黑烟,惊恐袭来,他想到了那个可怕的字眼。

"火从下面燃起,六层,绝对无法下去,我会死掉的。"家里的亲人一个个在脑海里掠过,自己还没有和他们共享每天的快乐时光呀!

穿越走廊里的火焰,他一面咳嗽,一面摇晃着走向窗户,想从窗口跳下去。

他从窗口看到黑压压的人群在喊:"跳下来!跳下来!"有消防员在说:"你唯一的生路是往下跳,我们会用救生网把你接住,你会很安全的。"

年轻人不断地给自己鼓气,要自己坚强一些,可他的双脚像粘住一般,一步也挪不动。火势在逼近,年轻人感到呼吸越来越急促。正在大家急得向年轻人跺脚时,扩音器传来他父亲奋力的喊叫声:"孩子!没问题的,你可以跳下来。"听到这个声音,年轻人的双脚起跳了。他稳稳地落在了消防人员搭起的网架上,毫发无损。

父爱的力量无限大,可以让孩子战胜极致的恐惧,勇敢面对困境。

1. 做孩子的脊梁

父亲顶天立地,孩子也会是条好汉。

2015年,一封父亲写给即将就读于北京大学的儿子的信刷爆了朋友圈。父亲在信中讲述了儿子高考前和参加化学竞赛时的经历,展现了一位自律、自强、有主见、能坚持、讲诚信的少年。"从小到大,爸爸从来没有对你的读书或者成绩之类的做过任何要求,唯独只在两件事情上始终对你做着孜孜不倦的灌输:品德、锻炼。爸爸唯一一次对你拍桌子发火,是你读小学二年级时那次气恼之下对奶奶的出言不逊。"

在立规矩和体育锻炼方面,父亲具有天然的气质和威慑力。父亲在骑单车、爬山、赛跑、旅游过程中,表现出来的独立、果断、勇敢、冒险是孩子最需要的精神气概,会潜移默化地影响孩子。相反,一个蜗居家中靠"啃老"过日子的父亲,无异于在用实际行动教孩子不务正业、不自立。

2. 多多鼓励孩子

父亲是孩子最信赖的人,是孩子的行为、人生观的第一位指导者。有父亲陪伴，孩子内心舒服，不会感到恐惧。父亲鼓励的话语能带给孩子莫大的力量，去战胜一切困难。

亨利·布拉格小时候学习非常刻苦，后被保送到威廉皇家学院。那里的学生家庭条件都非常好，衣着考究。亨利·布拉格家里很穷，供他读书已经是很勉强的事情，哪里有钱买漂亮的衣服呢？

亨利·布拉格上学的时候总穿着那件破旧的衣服和一双大很多的旧皮鞋，他自己并没有觉得这有什么不合适。但同学们的反应很强烈，他们讥笑他，说那双鞋是他偷的。

亨利·布拉格很气愤，但他克制住自己的情绪没有发作。同学们以为他好欺负，就骂他是小偷，后来被学监知道了。学监把亨利·布拉格叫到办公室，面孔铁青地怒视着他脚上的那双旧皮鞋。

亨利·布拉格明白学监的意思，他没作声，默默地从怀里掏出一张起毛的纸片，交给了学监。学监看着看着，怒气全消了，面带笑容，看完后，把手放在了他的肩上："很抱歉！"亨利·布拉格委屈的眼泪淌了一脸。

这是怎么回事呢？原来那是亨利·布拉格的父亲写给他的一封信，上面写着："亨利，我的那双旧皮鞋，穿在你的脚上显得太大了，也很不好看，爸爸真的很抱歉！但是爸爸心中充满了希望，我会为你将来的成就引以为豪的！因为我的儿子是穿着我的旧皮鞋努力奋斗成功的……"

亨利·布拉格没有让父亲失望，多年后，他成为一名物理学家。

在艰难的岁月里，贫穷的学子有父亲的精神支撑，不畏惧贫穷，努力学习，成就了一个很好的自己。这就是父爱的力量，足以让孩子冷静面对任何不友善的目光。

从今天起，修身养性，持家敬业，做个好父亲，你会发现，家庭和美，孩子顺从，也会很有出息。

放手，给孩子"自由打磨"的机会

放手不是父母图轻松、省事，对孩子放任不管，而是在充分了解孩子成长需要的基础上，给孩子"自由打磨"的机会和时间。这样的孩子必然茁壮成长。反倒是那些处处对孩子看管很紧的父母，束缚了孩子的成长。对孩子放手，体现的是父母对孩子的信任，对自己教养能力的自信。

> 《三字经》曰：玉不琢，不成器。人不学，不知义。

一块没有经过雕琢的玉石，不能成为精美的玉器。一个人若不努力学习，就不会懂得知识和道理。这句话有两层意思，一层是父母要打磨孩子，使其成为适应社会的人。这一层意思很容易理解，我们也很重视。另一层意思是孩子要自我雕琢，不断提升自我。在一个人的成长过程中，这一层更关键，上升到了自我实现的层面。

玉在没有打磨之前和石头没有什么区别，需要经历四个步骤的加工——切、磋、琢、磨，才能成为人们佩戴的光洁、华润的美玉。这四道工序非常有讲究。第一道工序是"切"，把采回来的石头从中间剖开，看看石头里面有没有玉，有多少块玉。如果有玉，就开始第二道工序。第二道工序是将石头中的玉磋出来，这种未经雕琢的原料玉石叫作"璞玉"。第三道工序是按照璞玉的形状雕琢成玉佩首饰、杯盏盘碟、佛像、神像等，就叫"琢"。最后一道工序是磨光，就是"磨"。

人如玉，在经历过严苛的打磨后，就踏入了复杂的人生旅程。要自我打磨，使得自己拥有更多玉一样的品质。

1. 放手，需要点"狠劲"

有这股"狠劲"，不是父母不够爱孩子，而是对孩子有信心，觉得他能够胜任成长。

世界上，很多人都听说过默多克的大名，但很少有人了解这位睿智、高寿的老人曾经有一段特别宝贵的校园生活。10岁时，默多克被妈妈送到寄宿学校。当时，父亲极力反对幼小的儿子离开自己，但没能拗过母亲。母亲的理由很充分："在寄宿学校生活，儿子相对独立，与他人相处、穿衣吃饭、安排时间等，都要靠孩子自己来进行，而且可以避免孩子陷入自私的漩涡。"

默多克就读于当地一所非常有名的学校——基隆语法学校。学校位于海风口，寒冷的冬季，常常冷得人直打战。学校的条件如此恶劣，但是学习氛围非常浓厚，老师个个博学多才、诲人不倦。

丰富多彩的校园活动和各种各样的学生社团使得这个校园俨然一个多彩的社会。默多克饶有兴致地参加这里的各种活动，并渐渐成为令人瞩目的风云人物。

在这里，他担任了校报的编辑，接触到了媒介。著名的媒介大亨思想方面的驾驭能力也在这里得到了全方位的历练。

孩子小的时候，父母往往舍不得放手，总是担心孩子照顾不了自己。忍住心疼，给孩子机会，让他独自去面对，做成一件事情或者适应一个环境后的满足感，会激发他成长的积极性。

2. 与责任同行

即使很小的孩子，他们也具有一定的责任，比如，成长的责任、表达孝心的责任、对家庭环境负责的责任。当我们能够正视这份责任后，也就能放手了。

责任心是一个人品格和能力的承载，决定了这个人的执行力度。一个人主动、自觉地为一件事情尽职尽责，从中获得满意的情感体验后，就能不断提升自身能力，让事情朝着期待的方向发展。有了责任心，孩子才会有能力。

下面是徐特立写给孙女的信中的一段文字。

禹强孙儿：去年11月收到你写的信，信上的字写得很端正，文章也写得很清楚。小孩子要规矩，还要活泼，你这样规矩是很好的，但需要唱和跳，需要做学校和家庭中能做的整理清洁工作，念书不要过劳。

像教育家徐特立那样，既要关爱孩子，也要对孩子有要求，这是一个尽责的过程。

在一个有责任感的环境中长大，孩子的责任感不会差。你赡养父母，孩子会懂得儿女有赡养的责任，就会对父母好。你不随地扔垃圾，维护家内、家外环境，孩子就会主动把垃圾放到垃圾箱里。

当孩子的责任心有了表达的机会，孩子就会有负责的表现。比如，在家里，他会关爱他人；在学校里，能好好学习，让自己满意；在社会上，能做一些对他人、对社会有利的事情。

远离不良环境,学会自我保护

孩子的居住环境靠近歌舞厅、酒吧,与靠近学校、图书馆,见到的人的行为不一样,受到的熏陶不同,对人生的理解、价值取向、兴趣爱好、所作所为等会大大不同。

《弟子规》曰:斗闹场,绝勿近。邪僻事,绝勿问。

大概意思是,一切打架、闹事的场合,绝对不可以走近。那些邪恶下流、荒诞不经的事情,绝对不可以问起。

古人这么说,有什么道理呢?邪恶的环境隐藏着安全隐患,对于防范能力不强的孩子来讲,很危险。当孩子不具备辨别善恶的能力时,不经意间就模仿了坏行为,扭曲人格发展。

家长是否意识到不良环境对孩子成长的负面影响,直接决定了孩子的成长是否顺利。

什么样的环境为不良环境呢?黄毒、冰毒、赌博、打架斗殴等环境,一旦被波及,受伤的不光是孩子的身体,还有心灵。

1. 把危险告诉孩子

没有被开水烫过的孩子,如果你不告诉他开水烫,用手摸会烫伤皮肤,见到开水后,他会去试试。我们要告诉孩子哪里有危险,他们才会躲避危险。

田田的妈妈很注意增强孩子的生命安全意识。

妈妈会抓住一切时机给孩子讲述保护生命安全的内容。娘儿俩一起外出,妈妈会跟儿子讲,马路边有玩耍的、打闹的,不要靠近,更不要加入进去,以免被过往车辆碰到。

遇到有人推销商品,不要回应,快速离开。不要相信他们说的有什么好处,想占便宜就可能吃亏、上当。

在路上行走的时候,如果有陌生人走过来,赶紧离开,不要停留。见到什么人掉了东西,马上喊住那个人。如果搞不清哪个人是失主,就选择离开,不要把东西捡回家。

妈妈从不让儿子去娱乐场所,以免被声色犬马的场面所吸引。如果因为好奇,加入进去,遇到心怀叵测的人,容易吃亏。父母从不玩麻将,更不与惹是生非的人交往。

休闲时间,妈妈经常和儿子一起看一些以案说法的法治节目,以增强儿子的防范意识和法治观念。

生活中处处充满了危险,随时随地告诉孩子,更有利于建立起他的防范意识。面对可能的不可避免的危险,与其父母想办法阻断,不如培养孩子的辨识能力、自我控制能力。

2. 远离不良环境

当孩子具有一定的辨识危险的能力后,还要有躲避危险的当机立断的能力。

军军和同学在小区里玩,跑、跳、追逐,很开心。大家都是一个小区的,玩得比较多,都很熟悉。那天,来了个陌生的男生,个子高高的,很有点"老大"的派头。

高个男生提议去上网。大家在一起玩时,也去上过网,这不新鲜。于是,一起去了。到了网吧门口,高个男生说没带钱。大家纷纷掏自己的口袋,凑了几十块钱。高个男生说:"这点钱,哪够?"大家有点失望!男生说,他有办法!大家眼睛一下子亮了!

他们随着高个男生到了一个废弃的库房,里面堆满了拆卸下来的旧电线。他说:"咱们一人拿一捆,卖了,就能上网。"一听这话,军军感觉不对,这不是偷吗?不能干。于是,他说:"我渴了,先去超市买瓶水啊。"随后,军军一路小跑,回家了。

第二天,留下的几个男生统统被物业保安带走了!

孩子面临的环境和大人的一样复杂,作为一名未成年人,自我保护的最直接的办法就是,设法离开危险。这份内心的从容和果断的应对,来自于父母平时的教育。

好妈妈懂教养

没有哪个妈妈不爱孩子,没有哪个孩子在缺少爱的情况下能够健康成长。但是,有一类孩子,虽然享受了妈妈的爱却没能好好成长。为什么呢?因为这一类妈妈的爱里缺少教养的原则。

《三字经》曰:昔孟母,择邻处。

古时候,孟子的母亲,就是一位懂教育的好妈妈。为了使儿子有个良好的学习环境,曾三次选择邻居而搬家。

母亲是家庭的核心角色,家风的重要构建者,孩子的主要教育者。母亲的高度,决定了家庭的走向和孩子的未来。

拿破仑同贡庞夫人交谈时,问她:"传统的教育体制似乎是一无是处,为了使人们受到良好的教育,我们缺少的是什么呢?"

"母亲。"贡庞夫人回答说。

这个回答深深地打动了拿破仑。

"不错!"拿破仑说,"这个词里包含着一种教育体制。那么,请您费心,务必要培养出知道怎样教育自己孩子的母亲。"

母亲的品质决定着孩子的未来。一个家庭,哪怕穷得家徒四壁,如果有一位懂教育的母亲,日子也会蒸蒸日上。

1. 好母亲,教育第一位

孟子早年丧父,孟母独自把他养大。对于一位单亲妈妈来讲,为了孩子的成长不断搬家,足见孟母多么懂得教育。当她发现孩子的一些行为不利于成为一个优秀的人时,没有采用看似轻松的教养方式:说教、纠正目标行为,而是宁可自己受苦,也要让孩子有个良好的成长环境。

孟子小的时候,父亲就去世了,是母亲的精心教导使他走上了做学问的道路。幼年的孟子很不幸,家里只有几亩薄田,家里的生计全靠母亲纺线织布换些银两维持。

孟子小时候住的村子,村外不远处是一片坟地,当有送葬出殡的时候,便有吹吹打打的声音传来。孟子好奇,看了以后,就学人出殡打幡、哭丧祭拜,并以此为乐。孟母非常担忧,孩子从小就学这些事,将来怎么得了呢? 她决定搬家,给孩子换个环境。

孟家迁到了一个大镇,隔壁恰巧是个屠户,天天杀猪卖肉。孟子觉得有趣，就模仿那家人杀猪卖肉。这里10天赶两个集市，每逢集日，买卖之声不绝于耳，非常热闹。孟子看到卖菜有趣，就用棍子挑两块石头学卖菜。孟母担心这样下去孩子成了市井之人，那怎么能行？她决定再次搬家。

生活贫困的母子，再一次咬咬牙，搬家了。这一次，家的隔壁是个学堂，周围生活的都是读书人，弦歌不绝、书声琅琅。孟子每天都看到上学的人举止文雅、落落大方，很快就学会了读书演礼，打躬作揖。孟母看到孟子开始学规矩，言行举止变得彬彬有礼，心里踏实了，就安心在那里住了下来。

2. 好妈妈严而不苛责

爱不是豪言壮语，不是千万家资，是妈妈与孩子相处的点点滴滴中带给孩子的快乐和温暖。对于孩子来讲，贴心的陪伴、和妈妈腻在一起玩闹、享受妈妈做的美食、给妈妈捣乱，都是暖到孩子心里的幸福记忆，带给他向上的动力。

国学大师季羡林的母亲是普通人家的女儿，不识字，活了一辈子，连个名字都没留下。就是这样一名普通的农妇，给予了季羡林至厚至深、至博至大的爱，激励着季羡林不断奋进，成长为享誉世界的国学大师。

幼年的季羡林时刻追随着母亲，母亲走到哪里，他就跟到哪里。母亲到地里摘绿豆荚，把豆粒剥出来，拿回家做午饭，季羡林便跟着母亲到地里去。在绿豆地里，季羡林在母亲身后跑来跑去，不停地问这问那。母亲总是一边摘着豆荚，一边耐心地回答他的问题,脸上露出难得的笑容。那时,季美林的心中多么甜蜜呀!

有一年夏天,季美林捡了一小篮麦穗,兴高采烈地拿回家递给母亲。母亲把麦穗脱出麦粒,然后磨成面粉,贴了一锅饼子。季美林越吃越想吃,吃完饭以后,他又偷了一块吃,被母亲看到了,追着要打他。季美林当时浑身一丝不挂,连忙逃到房后,往水坑里一跳。母亲没有法子来捉他,只好站在水坑边上,看着儿子站在水里,把剩下的白面饼子津津有味地吃完。最后,母亲也笑了。

大爱无痕,肯于付出,不计回报;严而不苛,严格要求,不可苛责,不打骂。不是孩子要什么给什么,也不是不让孩子做任何事情,更不是见不得孩子的错误,而是在满足孩子的情感需要、安全需要、成长需要、尊重需要的过程中,指导孩子的行为规范。

如何让孩子有志气

"你这孩子,就知道疯玩,有一点出息也是偷来的。看看你的作业,还能再多几个叉叉吗?长大了可怎么好?"身为家长,这样的话你说过吗?如果说过,对孩子的打击一定不小。

《三字经》曰:尔小生,宜立志。

我们应该趁着年轻的时候,立定志向,努力用功,就一定前途无量。

立志是指立下志愿,树定志向。所谓志,就是理想、决心、毅力。如何做，才能让孩子有志向呢？

志向有多重要？曾国藩在致诸弟的信中说："盖士人读书，第一要有志，第二要有识，第三要有恒。有志则断不甘为下流；有识则知学问无尽，不敢以一得自足，如河伯之观海，如井蛙之窥天，皆无识者也；有恒则断无不成之事。"

有了志向，人生便有了方向和目标，每一分钟、每一秒钟都不会虚度！孩子有了志向，父母的教育会变得容易，你不用再操心他不爱学习、不务正业、浪费时间！即使面对复杂的环境，如果志向高远，就能抵制低级、庸俗的事物，不被污染。

教孩子立志，是父母的教养里很关键的内容。

1. 引导孩子关注大世界

幼年的周恩来由婶母陈氏养育。陈氏出身书香门第，知识丰富，尤善诗文书画。周恩来三四岁的时候，嗣母每天兴致勃勃地教他识字、背诵古诗词。

夜深人静时，嗣母还常在油灯下讲些动人的故事给周恩来听。从名将韩信乞食漂母、忍辱胯下，到南宋英雄梁红玉在淮安筑建新城，击鼓抗金兵；从关天培虎门炮台壮烈牺牲，到震撼全国、气壮山河的太平天国运动……这些悲壮的历史故事、可歌可泣的英雄形象，早早地刻进周恩来的心里。在嗣母的教导下，童年的周恩来就胸怀报国大志，崇尚正义，憎恨邪恶。

12岁那年，周恩来到沈阳大伯父家，就读于东关模范学校。这所学校既教中国的经书，也介绍一些西方的新书。从私塾转到新式学校，他非常高兴。他学习勤奋，各科成绩都名列前茅。

在一个新的学年开始的时候，学校的魏校长在课堂上提出了一个严肃的问题:读书是为了什么?

有的同学回答"为父母而读书",有的同学回答"为自己的前途而读书",也有的同学回答"为光宗耀祖而读书"。可是,周恩来回答:"为中华之崛起而读书。"

怀着如此远大的志向,周恩来孜孜以求,毕生追求真理、努力奋斗,终成一代伟人。

一个对国家、对民族怀着强烈的热爱之情的人,有着对一个国家的责任感和归属感,那种忧国忧民、心系民族发展、勇担时代重任的向心力、凝聚力会带来自我强大的前进动力,个人能力被强烈地激发出来,个人成就也能达到顶峰。

2. 引导孩子了解国家大事

父母让孩子感受到国家兴衰与人民息息相关,除了接触时事新闻、了解国际环境、国家发展,多读爱国人士的故事,体会他们的爱国情怀,就能激发孩子的大爱情怀。

北京残奥会在精彩的表演中拉开序幕。一名来自四川地震灾区的少年看到开幕式后格外感动:"我也要当一名残奥会运动员,为国争光。"那一刻,13岁的断臂少年白乐潇有了一个新的梦想。

在2008年5月12日汶川地震发生时,白乐潇断臂为同学们让出逃生路。白乐潇热爱体育,尽管失去了一条左臂,但乐观的他仍没有放弃对体育的热爱。他迷上了乒乓球,每天都要和小伙伴们挥上几拍。如今,他正在努力练习乒乓球,希望以后能拿金牌,为国争光。

父母不要觉得孩子不懂什么国家大事,当他写下或者说出"中国"两个字时,心中就种下了国的概念,心中有了归属感、荣誉感,就与这个世界联系在了一起。

3. 把努力引入孩子的理想中

当孩子说长大后要做什么的时候,他的志向已经萌芽。无论他说什么,都是有志气的表现,都需要我们关注、鼓励。

孩子说:"我长大后要当老师!"妈妈就要肯定一下:"哦!真好!这样,孩子们有福气了!我们国家又诞生了一名有爱的老师!不过,从现在起,你要努力学习文化知识,锻炼身体,提高修养。这样,才能做一名好老师啊!"

等孩子一天天长大,志向就成了很重要的人生课题,与孩子的未来紧密相连。

从不比吃穿开始的价值观教育

推开一扇门,走进一个家,如果感受到的是干净、整洁、不俗,看到沙发、茶几、椅子、窗帘很有质感,却没有一丝奢华气息,有的已经半旧,但仍然在使用。这种讲究而不奢华的陈设散发着内敛的气息,诉说的都是主人不俗的价值取向。

《弟子规》曰：惟德学，惟才艺，不如人，当自励。若衣服，若饮食，不如人，勿生戚。

如果品德、学问、才能、技艺不如别人，应当自我勉励，勤奋努力，赶上去。如果自己的衣着没有别人的漂亮，如果自己的饮食没有别人的丰盛，不要因为这个感到难过。

什么意思呢？不比吃穿，应注重提高个人修养。

一个有品质的家庭，讲究衣着，却不追求名牌；吃得有营养，一顿饭，几个菜，精致、简单，营养、美味，吃下去，会觉得好过昂贵的大餐；书架上一直在不停地添加新书。

生长在这样家庭里的孩子，即使身上穿的不是名牌，气质不输于，甚至要好于那些从头到脚都名牌包裹的孩子。

孩子对这个世界的判断、选择、评价标准，最初来自于家庭的衣、食、住、行等方面的影响，给孩子一个积极、向上的成长环境吧！

1. 重视精神世界

父母关注孩子的成长，注重品德、才艺等方面的培养，孩子的精神世界会很富足，会有更高的追求。父母很在意孩子的饮食、穿着，与别人比较，不能差，就会让孩子觉得物质享受是第一位的，比别人好才显得有身份、有地位，很容易形成一个向"钱"看的价值观。

价值观是主体按照客观事物对其自身及社会的意义或重要性进行评价和选择的原则、信念和标准。价值观是一个人思想意识的核心，对个人的思想或行为具有一定的调节或导向作用。对一个人来讲，符合价值观标准的事物就被认为是有价值的，否则就被认为没有价值。

吃得好一些，穿得漂亮一些，是人的基本需要，但追求好日子过度了,满眼只有吃和穿,以物质为核心来评判生活的好坏、人的善恶、交友的原则、人生的追求,势必导致一切向"钱"看。为了钱,什么都敢做,生存就成了一件危险的事情。凡事以生存为基准,追求身心和谐,才不会被物质享受累及。

2. 淡化名牌意识

二年级时,娇娇换了新同桌。她不喜欢,忍不住在妈妈耳边嘀咕。新转来的学生,衣服很简单,看起来很落伍。娇娇一直穿名牌服装,妈妈觉得,家里供得起,没想到居然惯出了"名牌癖"。

妈妈见过娇娇的同桌,虽然衣服简单,却洗得干净,人也很有气质。跟娇娇走在一起,反倒把娇娇比下去了。留意了一段时间,妈妈了解到,这个同桌成绩特别好,写的文章都赚稿费了。跟同学关系也很好,是班里的优秀生。

妈妈告诉女儿,学生穿得干净就是体面,学习好、品德好、有才艺,才是最美丽的外衣。平时应多向同桌学习。

当孩子与人比穿着的时候,父母是毫不犹豫地满足,还是坚决地改变孩子的行为,对孩子的价值观形成有着完全不同的作用。适度满足孩子,他会觉得妈妈也很重视穿着,穿衣打扮很重要。但要改变孩子只穿贵衣服的观念,告诉他,只要穿得干净、整洁,就很好。别人穿什么样的衣服,就买什么样的,衣服太多穿不过来,会造成浪费。用买衣服的钱,多买书看,去旅游,看电影,更有意义。

淡化孩子的名牌意识,只给他买货真价实的普通牌子,穿得习惯了,孩子会以穿得舒服、得体作为穿衣标准,彻底看清对衣服的追求不是牌子、价格,而是舒服、合适。有了这样的消费观,就不会与人攀比,也不会刻意追求名牌。父母消费追求"实惠",耳濡目染,孩子长大后也不会多花几倍的价钱去买名牌服饰。

3. 培养孩子的品德、才艺

我们重视培养孩子的品德、才艺,家里的消费支出很大一部分放在这些方面,孩子就会觉得品德、才艺对一个人来讲很重要,自己要用心学习,才不会辜负父母的期望!

菊菊的同桌买了一个漂亮的水钻发卡,戴在头上,亮闪闪的。同学们见了,都说特别美,也要买一个。第二天,班里好多女生都戴上了类似的发卡。菊菊头上,还是那个塑料发卡。同学问:"你怎么没买啊?"菊菊说:"妈妈不给买!现在戴的这个扔了浪费,而且我马上要买新的跳舞鞋,就不能买发卡了。"

大家都觉得很遗憾。可是,菊菊一点都不难过,她认为还是学跳舞更重要。更何况,自己有发卡呀。

父母认定,培养孩子的德行、才艺比培养孩子的好吃好穿对孩子的成长更有帮助,落实到行动上,孩子自然而然地就会重视自身修养了。

第三章　从家起步，培养高情商

一个人的事业能否成功，30%取决于才能，70%在于交际协调能力。而且，所处的位置越高，交际能力对事业成功的影响越大。孩子管理自己的情绪、识别他人情绪的能力，是伴随着认知发展培养起来的，也起步于家庭环境。

行书　静里远怀（书写：陈彦霖）

夫妻关系是亲子关系的基础

在一个家庭里,如果夫妻关系不好,亲子关系很容易出现问题。最为常见的两种问题是关系缠结或者关系疏离。这两种情况都不利于孩子的人格建构和心理健康。

《三字经》曰:三纲者,君臣义,父子亲,夫妇顺。

什么是"三纲"呢?"三纲"是人与人之间应该遵守的三个行为准则,就是君王与臣子的言行要合乎义理,父子之间相亲相爱,夫妻之间和顺相处。

要孩子理解《三字经》里的"三纲"——"君臣义,父子亲,夫妇顺"可能有难度,但还是要讲一讲这"三纲"的意思。君臣之间要有一种道义,要有彼此恰当和合适的关系,这种关系不是完全的号令和服从,而是充满信任和仁爱的,比如唐太宗和魏征的关系;父子之间要相亲相爱,也就是说父亲不是孩子的权威和主宰,而是一种血浓于水、相亲相爱的天性;夫妻之间要和顺,做到相互爱护、相敬如宾。

在一个家庭里,存在着夫妻关系、亲子关系、亲戚关系等。对孩子成长影响最大的要数夫妻关系和亲子关系,夫妻关系对孩子成长的影响更大。

父亲是家里的权威,是孩子强有力的精神支撑,孩子是否充满自信和勇气与父亲的教养密不可分。当一个家庭中,父亲尽到了照顾这个家的责任,能够担当起家庭的重担,对家里的每个成员都足够关爱,那么这个家庭里的孩子大都是幸福的,性格阳光、自信。反之,则孩子身上常常会有懦弱、胆小、冷漠等性格缺陷。

父母好好相处,孩子成长得好。父母关系不好,孩子会患上

"怪病"。

5岁的秀秀，突然间，变得爱眨眼睛。父母呵斥、吓唬，都不管用。去看心理医生才知道，与父母关系恶化有关。

瑶瑶10岁出头，品学兼优，身体一直很好。令人惊讶的是，这个孩子最近经常头晕。在学校里突然晕倒后，她被送到医院。经过一系列检测得出结论，她的精神压力过大导致了生理上的疾病。哪里来的精神压力？父亲生病，母亲脾气暴躁，常常因一点小事就引爆一场嘴仗。看到受气的爸爸和劳累的妈妈，女儿感到恐惧和无奈。

心理学研究显示，紧张、心理压力通过CRH（促肾上腺皮质激素释放激素）、ACTH（促肾上腺皮质激素）的改变引起肾上腺皮质激素、肾上腺素和去甲肾上腺素的大量分泌，引起一系列生理变化。过于强烈的刺激长期累积，必然导致肌体发生永久性的功能或器质性损害。

稳定的生活、融洽的气氛，孩子能感受到快乐。家庭氛围差，充满火药味，孩子则难以承受压力，身心都会患疾病。即使生活充满艰辛，日子很难，也应想办法让孩子品出甜味。这是育儿路上父母的修行和智慧。

有的家长比较情绪化，夫妻意见不合或者发生矛盾时，当着孩子的面就大吵大闹。在这样的家庭里长大的孩子，由于经常面对家庭"战火"，容易出现人际交往障碍、焦虑、多疑、恐慌、不信任、对未来生活缺乏信心的心理状态，尤其易对婚姻产生恐惧感，有的孩子甚至表示"不想重复父母的悲剧，长大坚决不结婚"。

谁不想培养出一个身心健康的孩子呢？

一项最新调查显示,在父母经常吵架的家庭里长大的孩子,比在父母离异后单亲家庭长大的孩子的心理问题更多。专家告诫,父母有责任给孩子提供一个有安全感的成长环境。婚姻和感情虽然是夫妻两个人的事,但相互攻击、谩骂,恶语相向,对孩子的心理造成的负面影响将终生难以弥补。

这次调查涉及黑龙江省哈尔滨市855名初中生和高中生。统计结果表明,父母经常吵架的家庭里的孩子,心理问题检出率为32%,离异家庭的为30%,和睦家庭的为19%。

拉拉从小就是同龄人中的佼佼者,长得漂亮,学习成绩好,在同学中也颇有人缘。可是,从小到大,拉拉从没去过同学家。她很羡慕同学之间的互访,那样能增进友谊。但是,她害怕同学来家里回访时,赶上父母吵架,太没面子了!于是,她只能掩盖心里的真实想法,不管谁邀请她去做客,都果断拒绝。

拉拉长大后,顺利考入上海的一所名校。毕业后,轻松进入了一家跨国公司。公司里才子云集,脱俗的美女却不多,更何况拉拉气质超群,被追求是再自然不过的事情。可是,毕业7年了,连公司里最普通的女士都披上婚纱了,拉拉还是独行者。闲言碎语开始出现,大家认为她眼光太高,挑花了眼,耽误青春。只有拉拉自己清楚,因为童年时期父母三天两头吵架,甚至发生家庭暴力,她不敢恋爱,害怕结婚。

父母是孩子情感世界最深的影响者,不融洽的夫妻关系,会让孩子夹在中间战战兢兢,有什么成长问题,也不敢向父母请教,生怕成为"战争"的导火索。在交往上,这可能会影响孩子对感情和婚姻的态度。孩子如果跟异性接触较少,更容易对异性产生抵触心理,不知如何面对。从小这样,郁结在心里,长大后很难正确选择自己的伴侣。要么轻率结婚,要么不敢结婚。

案例中,拉拉的情况是比较严重的,更多成长在不幸福家庭里的孩子只是对婚后生活有所担心。专家建议,夫妻间如有矛盾需要解决,应考虑孩子的心理感受,尽量控制情绪,不要随意发泄。退一步讲,如果非吵不可,也应避开孩子,或让孩子暂时离开。

把孩子的"向师性"引入深处

从成为学生的那一刻起,学生身份就约束着孩子听从老师的教导和指挥。但是,顽皮的天性又使得他们不断做出违规的事情。利用孩子的"向师性",孩子更容易学好。

《三字经》曰:亲师友。

对待老师和朋友,必须亲近、真诚。

老师是孩子美好人生的引路人,使孩子体会到学习的乐趣,给孩子的头脑武装知识,让孩子了解真、善、美,懂得做人的道理。在老师的引导下,孩子德、智、体全面发展。

遇到一位伟大的老师,孩子能激发学习的兴趣。

诺贝尔生理学或医学奖获得者理查德·J.罗伯茨曾在英格兰贝斯的一个教区小学上学。校长名叫罗纳德·布鲁克斯,对他的影响很大。

那时,校长经常在他进教室的路上拦住他,从口袋里掏出一张纸条给他,上面通常写着有关数学或逻辑学的小问题,题目的难度不断增加。罗伯茨每次找出正确答案后,都会兴奋不已。随着罗伯茨的不断长大,这些智力活动,不但促进了罗伯茨的智力发展,而且培养了他对数学的热爱和探索问题的习惯,激发了他热衷于科学探索的兴趣。罗伯茨说:"直到现在,我还能回想起来,每当我答对了问题时,校长都非常高兴。我与这位我很钦佩的人的质朴交往,对我的一生有着深刻的影响。"

初入校门的孩子,他们对老师的崇敬之情大多来自于对方的身份、轩昂的风度、和蔼的态度、满腹的知识。虽然他们觉得老师哪里都好,很听老师的话,渴望得到老师的青睐,但还不能深入理解老师要求他们所做事情的意义。

军军上学后,很顽皮,在课堂上,晃晃椅子,拍拍课本,稚气的样子让老师忍俊不禁!偶尔为之没什么。坏处是好多孩子跟他学,军军被助兴后更来劲了。课堂变成了游戏王国。老师教训一次,他改正一些,过几天再犯。

老师把情况反映给军军的妈妈后,军军的妈妈为儿子申请了一个博客,让儿子每天在上面写一句想对老师说的话。每个月给老师看一次。

老师看完军军的博客后,了解了他的心思,他想读课文,想回答问题,想当值日代表,想跟老师聊天,想和老师做游戏等。于是,老师每个月寻找机会,实现军军的愿望一两次,军军不再捣乱了。

经过半年左右的时间,军军觉得老师对自己太好了,不能让老师失望，上课很认真。老师说，能感受到军军在努力地自我约束，很感动！

老师的关爱带给孩子被重视感，满足了他对校园归属感的需要后，一个接受过老师关爱的孩子，会特别配合老师，会主动和老师搞好关系。在特别的日子，如教师节、国庆节、春节，他们会送小礼物给老师，以表达心意。

送些礼物表达心意当然可以，孩子自己制作的小物品、画的画，给老师买一本自己喜欢的书等，都可以。妈妈可以利用孩子想报答老师的心理，鼓励孩子好好学习。

有个孩子，觉得自己应该更优秀一些，才会被老师喜欢。妈妈说："即使你的成绩不好，没有什么才艺，但是，努力学习，团结同学，尊敬老师，老师也会很喜欢。更何况，你有很好的数学成绩，等你有一天成了数学家，才是送给老师的最好礼物！"

被妈妈这样启发后，孩子想到老师爱旅游，喜欢写游记。每次出去旅行后，孩子都为老师搜集当地景点的宣传资料、拍一些照片，涉及风土人情、景点历史、开发建设等内容。老师看了非常开心！这个孩子觉得为老师做了一件大事！

告诉孩子，他有"四大角色"

谁都别无选择，一出生就进入某些特定的角色。比如，儿子或者女儿,孙子或者孙女等身份称谓。一天一天长大,天地广阔起来,角色变多,伙伴、同学、好朋友、学生、公民等,逐步适应这些角色是孩子社会发展的需要。

> 《三字经》曰:父子恩,夫妇从。兄则友,弟则恭。长幼序,友与朋。君则敬,臣则忠。此十义,有所同。

"父子恩",就是要父慈子孝,子女是父母生命的延续,父母当然会爱孩子。父母对子女有养育之恩,孝敬、赡养父母是每个子女应尽的义务。"夫妇从",就是夫和妻顺,夫妻之间步调一致才能顺利生活。只有举案齐眉、相敬如宾,才能保证家庭的和谐。"兄则友,弟则恭",就是兄友弟恭,作为血缘关系最近的亲人,和睦相处、同气连枝是关键。一个家庭的和乐美满来自于父子、夫妻、兄弟等所有家庭成员的共同努力,保持动态平衡。

每个人在自己的人生舞台上,都要扮演不同的角色,演绎出不同的精彩。父、子、夫、妻、兄、弟、朋友、君、臣,要扮演好自己的角色,先要认清自己所处的位置、找准自身的角色定位,然后将心比心、推己及人,担负起自己的责任。

角色意识来自于日常的培养。

有亲戚来皓皓家里做客,一家人盛情款待,饭桌上,推杯换盏,夹菜让酒,谈天说地,好不热闹。亲戚带来一个5岁的男孩,非常可爱,大家都喜欢逗他玩。大概是饭菜太合口味了,他一口一口吃得不亦乐乎。一家人看得高兴,不停地给他夹菜,他面前的盘子里摆满了。

起初,皓皓也不停地问男孩喜欢吃什么,并告诉他,这个糖醋鲤鱼酸酸甜甜的,特别好吃! 他夹了一大块鱼肉放到男孩的盘子里,叮嘱他吃的时候小心点,可能会有刺。

后来,皓皓噘着嘴不说话了,眼睛在家人脸上瞟来瞟去。家人没注意,他扒拉完碗里的饭,回房间了。

家人以为他累了,没多想。到了晚上,皓皓还是不开心。妈妈问他怎么了。他说:"为什么中午吃饭的时候没人给我夹菜呢?"妈妈明白了儿子的失落。当时,虽然皓皓很热情,但是他并没有真正进入主人的角色。看来,还要多请几次客啊。

孩子这个角色,在不知不觉中就认定了。几个月的宝宝能够很轻松地辨认出妈妈。怎样当个好孩子? 从一出生起,我们就以我们的教养方式把这个主题灌输给孩子。在和家人相处的时候,要学会沟通、理解和尊重他人,要帮助父母做力所能及的家务,孝敬长辈,不给父母添乱。

孩子长大到能出门后,就可能会去做客,家里也可能有客人来。随着孩子不断长大,做客次数增多,他就进入了"主人"或者"客人"的角色。如何做到以礼待客、文明做客呢? 多带孩子做客,多请客人到家里来。在做客、待客中,教会孩子礼仪。

读幼儿园后,孩子就有了"学生"角色。孩子的主要活动区,除了家里,多了学校,经常交往的人群多了老师和同学。好学生,要遵守纪律,尊重老师,关心同学,友好相处。

大部分孩子刚入幼儿园的时候,会发生争抢玩具的现象,几个孩子冲着一个玩具去了,几双小手为了一个目标拉拽。抢到的孩子就拿着玩去了,没抢到的孩子会很沮丧。不过,过一会儿就好了。

入园一段时间后,在玩具区,会出现谦让现象。一个有趣的玩具引起了大家的注意,每个人都想先玩。有的小朋友会说:"你先玩吧,我过一会儿玩!"有的小朋友说:"我今天先玩别的!"这样的进步,是对同学角色的认识和适应,有父母、老师教育的作用,也有友谊对孩子行为的规范作用。

在与人交往的过程中,孩子逐渐明白谁都不能缺少朋友,朋友很重要,以诚相待能交到更多的朋友。

"公民"角色很广泛,概括起来讲,就是让孩子逐渐明白,自己是社会的一个成员,一个"公民"。在日常的生活中,应该尽到一个"公民"应尽的责任和义务。

这样跟孩子说还不够,还要在实际行动中以好公民的规范要求自己。乘车的时候,要排队,不拥挤,主动给老人、孩子让座。电影院、酒店、饭庄有各种规则,一定要遵守。走在路上,要遵守交通规则。孩子懂得遵守社会规则,公民意识就建立起来了。

每个人在家庭、学校、社会等各种场合中还会扮演多种多样的角色,只有在特定的场合中把握住自己的角色,尽职尽责,才会在生活、学习、与人的交往中如鱼得水,取得成功。

交友时多看看自己

一个人能交到什么样的朋友,关键在于自己是什么样的人。古人云:"门内有君子,门外君子至。"你的气场、气质表明你是一个什么样的人，就会吸引什么样的朋友前来。

> 《弟子规》曰：闻过怒，闻誉乐，损友来，益友却。闻誉恐，闻过欣，直谅士，渐相亲。

听到别人说自己的缺点就生气，听到别人恭维自己就高兴。这样的话，不好的朋友就会来与你交往，有益的朋友就会同你断交。反过来，听到别人称赞自己就惶恐不安，听到别人指出自己的过错就欣然接受。这样的话，那些正直、诚实的人，就会逐渐与你亲近。

你的喜好决定了什么样的人会选择你做朋友。要孩子交到好朋友，首先要培养他成为一个好孩子。只有孩子热情、好客、大度、真诚、谦虚、谨慎，朋友才会人品高尚，优点很多。

交友重在交。那么，如何交朋友？孩子早知道早受益。

1. 善于发现优点

赋予孩子一双发现优点的眼睛，多和同龄人接触，就会发现身边的每个同学都身怀绝技，呆萌可爱：耀耀爱劳动，不怕脏；琪琪特别热情，有什么事情需要她帮忙，打一声招呼，她很快就过来；天天爱学习，做作业特别认真，作业本上一个叉都没有，每次考试都得高分；宁宁擅长音乐，连续几年坚持学习乐器，还能自己谱曲。

接近是成为朋友的第一步，谁都喜欢和懂得欣赏自己的人接近。成长中的孩子身上会有某方面的不完美，比如，淘气、不爱学习、贪玩、喜欢吹牛、懒惰等。不管哪一样，都不是拒绝孩子与其交朋友的理由。

有的家长不希望自己的孩子结交成绩差的孩子，认为那样的孩子没有出息，不会带给自己的孩子好的影响。这么做，容易提升孩子的优越感,导致孩子只看到自己的优势,看不到别人的能力,很难虚心与别人相处。一定不要把学习成绩作为孩子选择朋友的唯一标准。

当孩子把好房子、好车子、父母的地位当成资本,在家庭条件不太好的孩子面前趾高气扬的时候,我们就该检讨自己的教育行为是否太世故。妈妈应告诉孩子,富裕的家庭条件是父母辛苦工作创造的,父母提供这样的环境是为了孩子更好地成长,成为一个对社会有用的人。这样,孩子不把家庭条件当成择友的标准,而是用心去交友,更能碰到好朋友。怀着一颗努力、质朴的心去奋斗,更能接纳其他的孩子。

2. 以诚相待

孩子之间没有虚情假意、尔虞我诈,但是有小愤怒、小嫉妒、小分歧。处理好这些问题,需要彼此真诚相待。

真诚能拉近彼此的距离。与人接近后,当对方取得成绩时,为其感到高兴,给予祝贺;当对方有理想时,给予鼓励;当对方心情好时,愿意分享对方的快乐;当对方遇到困难、心情不好时,及时开导,给予帮助;当发现对方缺点时,选择恰当的方式指出来,使其进步。

你能够接受别人的批评、建议,对方会觉得你拿他当朋友了。被批评几句,就噘嘴、耍脾气,找借口为自己辩护,和人争吵,这样的孩子很容易失去友谊。

平平写字特别潦草。有一次,同学看平平的笔记,好多地方看不懂,问他,平平不耐烦地说:"你也太笨了,这么简单都看不懂!"有同学指出来:"这字是你手写的吗?"平平不高兴了,拽回笔记本,不让同学看了。

后来,同学给平平道歉,说:"对不起,我说话不够礼貌!不过,作为好朋友,我真诚地告诉你,你需要认真写字!"平平感受到了同学的真诚和友善,动情地说:"我态度也不好!向你道歉!"平平知道自己确实经常因为字迹潦草而丢分,从那以后认真写字,成绩也提高了不少!

3. 善待朋友

善待朋友,就不要对对方要求太多。对方有错误,改过就好;对方有困难,真心帮一帮,一定不要想着对方的回报。

有个孩子,快小学毕业了,没有几个朋友,就连最好的发小牛牛也不怎么一起玩了。妈妈问他:"最近牛牛怎么不来咱家玩了呢?"孩子说:"他从来不请我吃东西。"妈妈笑了,问:"你嫌他小气是吗?"孩子点点头。妈妈说:"如果你想吃,就请他好了。他不请你,自有他的道理。"接着,妈妈给孩子讲了一个故事。

春秋时期,管仲和鲍叔牙是好朋友,彼此相知很深。

管仲和鲍叔牙一起经商。管仲家里穷,不断地占鲍叔牙的便宜,多分钱财,鲍叔牙一点都不生气,很友好地对待管仲。管仲曾经三次做官,三次被国君辞退,鲍叔牙不认为他无能,觉得时机还没到。管仲曾经三次作战,三次战败逃跑,鲍叔牙认为管仲是因为记挂家中的老母亲。后来,鲍叔牙向齐桓公推荐管仲。管仲被任用,鲍叔牙位居管仲之下。最终,管仲帮助齐桓公成就了霸业。管仲很感激鲍叔牙。

风雨人生路,每个人都需要朋友。要想与朋友惺惺相惜,那么,先替朋友阻挡寒冷,分担忧愁,解除苦难,让他的人生之路更顺畅。做朋友的扶梯,你帮助他实现梦想,必要时,他也能够助你攀登高峰;做朋友的良药,你曾经抚平他的创伤,你受伤了,他也能慰藉你的心灵;做朋友身边的一叶扁舟,载他驶向幸福的彼岸,你也能收获幸福。

处理好交友的"喜新厌旧期"

交友是一件持续一生的事情。人到中年,不管人脉圈里拥有多少政要、名流,如果缺少了蹒跚学步时的玩伴,带给生命的给养都缺少一份厚重。

《弟子规》曰:勿厌故,勿喜新。

不要厌弃以前的故人旧友,不要只喜欢新交的朋友。

有一首歌唱出了友谊的宝贵、交友的方法。"千里难寻是朋友,朋友多了路好走。千金难买是朋友,朋友多了春长留。以心相许心灵相通,让我们永远是朋友。结识新朋友,不忘老朋友。多少新朋友变成老朋友。天高地也厚,山高水长流。愿我们到处都有好朋友……"

交友是一件持续一生的事情,当你的人脉圈里拥有一路走来的伙伴、同学、同事时,才有人气!

毋庸置疑,"发小"的亲密感超越其他任何年龄段结交的朋友。一把年纪之后,如果对于"发小"的记忆只限于童年生活的回忆里,那么不无遗憾。人脉在儿时贫瘠的原因在于，孩子管理人脉的能力没有从小培养，以至于丢失了"发小"这个宝贵的人脉资源。

孩子没有朋友管理意识，甚至连朋友观念都淡泊，于是会丢掉后来一直没有一起玩的朋友。以前每天在一起玩的孩子，哪一天转学了或者去了外地，没有留下联系方式，就只留在了记忆中。

灵灵是个活泼好动的女孩，性格开朗，和谁都能玩到一起，带回家里的朋友多得连妈妈都认不全。

那天，灵灵又带一个陌生女孩回家，两个人嘻嘻哈哈玩了一阵后，灵灵送走了那个女孩。

妈妈问灵灵："这个女孩也是你的同班同学吗？"

灵灵说："不是，这是别的班的同学，击剑培训班里认识的！"

妈妈问："怎么没见以前经常来咱家玩的那几个小女孩了？"

灵灵说："我们上的课外班不一样，好长时间没一起玩了！"

妈妈说："可以相约在周末一起玩啊！不联系，不就生疏了吗？"

灵灵不以为然："那又怎么样？我又不缺朋友。更何况，她们也没联系我啊。"

灵灵的妈妈和女儿一起回忆了她和小伙伴在一起的时光，和花花一起踩水，搞得家里到处是水；和妞妞一起堆雪人，冻得鼻子红红的，还不肯回家，在雪地里追逐；甜甜生病住院，想灵灵哭鼻子，灵灵每周都去医院探望……沉浸在美好的回忆里，灵灵不免有些想念小伙伴们。妈妈说："建一个群吧，大家保持联系，不定期地聚一聚，让友谊延续，多好啊！"灵灵高兴地点点头。

受智商、情商发展的影响，不同年龄段的孩子，选择朋友的标准不一样。

在7岁以前,孩子可能会出现这样的情况,跟这个朋友玩了一段时间,就跟另一个朋友好了,前边这个朋友就不联系了。特别是上学以后,没有和玩伴分到同一个班级,有了新的交往伙伴,就和以前的朋友疏远了。如果家长就此不管,那么孩子可能会失去一些志趣相投的朋友。

应该怎么做呢?家长们应主动联系,组织集体活动,带孩子旅游,交流育儿经验,保存联系方式,建立微信群、QQ群等,保持联系。这样比较频繁和固定的交往,有利于建立友谊方面的安全感,稳定朋友圈。

按照著名教育家齐克·罗宾的理论,9~12岁的孩子处于交友的亲密阶段。这一年龄段的孩子更喜欢集体生活,交往能力获得了提升,懂得尊重他人,能够分享学习经验,在思想和行为上,容易受到同伴的影响。虽然每个人都有自己的个性,但是,不会因为一点小事情就你不理我、我不理你,和朋友保持亲密关系已经不是问题。

这个时期,孩子超越了思维水平限制导致的以居住较近、能玩到一起、倾慕某人的某项优势等标准选择玩伴的水平,会选择素质好的同龄人交往。

他们已经具有一定的逻辑思维水平,一些孩子对朋友的选择不再停留在外形、语言、是否拥有玩具、居住地等,而是默默地观察其内在品质。如果孩子暂时做不到这一点,父母稍加引导就能做到。交友的理智性,使得孩子在这个阶段可能会找到"一生的好朋友"。许多心理学家把这一阶段视为所有亲密友情的基础,认为这时候如果不能找到亲密的朋友,那么可能一生都难以找到真正的好朋友。

江江9岁了,和同桌关系很好,可是,最近两人闹掰了。妈妈问:"为什么?"江江说:"放学后,我喊他一起走,他对我说跟班里另一个同学有事,让我先走。到了教室门口,我看到他和一个同学有说有笑地走出来了。他加入了另一个同学组织的篮球队,最近经常一起去体育场打篮球。有什么了不起的!"

妈妈一边听一边说:"这样啊! 我儿子生气了吗? 如果你愿意的话,也可以一起去体育场打篮球啊。大家一起玩,更有意思啊!"儿子看了看妈妈,没说话! 不过,明显情绪好多了。

一星期以后,江江也加入了那支篮球队,和同桌和好如初了,和另一个同学也成了很好的朋友。

会识别他人的情绪

孩子有各种情绪和情感,对于孩子的"七情",过分压抑的结果不是让孩子变得无情,就是使其人格扭曲、精神崩溃。正视孩子的情感需求,允许他们适度地发泄,有利于保持身心的健康。

> 《三字经》曰:曰喜怒,曰哀惧,爱恶欲,七情俱。
> 《弟子规》曰:人不闲,勿事搅,人不安,勿话扰。

在别人忙碌的时候,不要因为有事情而打扰别人;在别人心情不佳的时候,不要找他说话而打扰他。

高兴叫"喜",生气叫"怒",悲痛叫"哀",害怕叫"惧",喜欢叫"爱",讨厌叫"恶",贪婪叫"欲",合起来叫"七情"。这是人生下来就有的七种感情。

当一个人忙碌到连吃饭的时间都没有的时候，他很着急，你来了，有事或者没事，都是打扰。当别人心情不好的时候，你来了，唠叨自己的得意和开心，别人能喜欢你吗？

著名作家叶圣陶说："谁要立足在今后的世界上，谁就得深切地记住，不要养成妨害他人的习惯。"不妨碍他人取决于一个人严格的自律和高度的自觉性，是一个人自我约束能力的体现。

做事前，考虑自己的行为是否伤及他人，会不会影响别人，会的话，就不做或者改变做法。做到了这一点，才不会几十岁了还在公共场所大声喧哗，大半夜醉酒后在小区里大喊大叫，大庭广众之下揭他人的短。

不妨碍他人是一种习惯，不但要讲清道理，还要身体力行。在公共场所，不高声说话，不哭闹，不奔跑，不嬉闹，不乱扔纸屑，不随地吐痰；在学校里，不与人抢座位，不乱踩踏、损坏他人的东西；在大人工作、学习时，自动退出，不打扰。

一天傍晚，婷婷正在家里弹钢琴，奶奶从外面回来了。婷婷高兴地跑上去和奶奶打招呼，问："奶奶，您去哪里了？"奶奶说："去看望一个老朋友了！"说完就坐在沙发上闷不作声了。

吃饭的时候，奶奶一反平时给孙女夹菜盛饭的热情劲儿，而是一副情绪低落的样子，草草地吃了些饭，便回房了。

婷婷不解地问妈妈："奶奶怎么啦？"妈妈"嘘"了一声说："奶奶心情不好，不要吵。"婷婷点点头，不弹钢琴了，拿出功课来做。

半小时后，奶奶从房间里出来了。妈妈端来一杯茶，叫女儿请奶奶喝茶。奶奶解释说，她今天去见了一个老朋友，老朋友身体状况很糟糕,所以回来后心情不太好。不过,现在好多了,让大家不要担心,该干什么干什么。

婷婷说:"今天我不练琴了,陪奶奶休息。"奶奶摸着体贴、懂事的孙女,开心地笑了。

每个人的脸都是一幅心情画。忙碌或者心情不好时,神色凝重,"请不要打扰"。开心时,笑容可掬,"我可以与你谈谈"。

"七情"是人心意的变化,是因心有所感,情有所动,感而后发所表现出来的心理活动。可以管理"七情",但不可过分压抑。过分压抑的结果不是让自己变得无情,就是使人格扭曲、精神崩溃。正视情感需求,适度的发泄有利于保持身心的健康。

人的负面情绪有了宣泄的空间,才不会郁结。"随起随灭,廓然无碍。"情绪发泄不能无节制,人应该学会调节自己的各种情绪。

要孩子学会识别他人的情绪,先要懂得"七情六欲"是人最基本的生理要求和心理状态,是人性的基础,是人世间生活的基调,无法禁止。

学会看脸色识别情绪,看行动辨别脸谱,就不会在别人很烦躁的时候还去打扰。即使真的有事情,也要等一等,否则事情办不成还惹人烦。

当父母忙碌的时候,孩子走过来,要父母做这个做那个,是教育他们识别情绪的好时机。告诉孩子:"妈妈正忙呢,手上的事情很着急,你需要等一等! 先去看一会儿故事书或者喝一杯牛奶吧!"

当父母心情不好的时候,孩子要出去找小朋友玩。这时,妈妈应该告诉他:"现在妈妈有烦心的事情,需要一个人静一静! 你先回自己的房间,玩一会儿游戏。等妈妈心情好了,就带你出去找小朋友玩。"

当他人情绪不好时,给孩子指明怎么做,是培养情绪识别能力的第一步。孩子有了行为上的改变,至于什么时候能够理解父母的表现,不要着急,只是早一天或晚一天的事情。

父母尊重孩子,不会以关心孩子的名义对孩子进行不合时宜的打扰和监督,孩子在识别他人情绪时会更轻松一些。

我们必须改变一个认识,孩子就是玩,没正事。玩耍是孩子的事业,在玩耍的时候,孩子的身心获得了成长,促进了大脑发育。当孩子玩耍的时候,不要因为不放心孩子的安全或者疼爱孩子,走过去,叮嘱他不要这样,不要那样。

其实,我们对孩子的妨碍已经很多了!孩子走出家门,刚玩一会儿,家长担心孩子惹祸,就把孩子喊回家里来。孩子凝神坐一会儿,家长好奇,赶紧走上去问这问那,搞得孩子很烦。孩子画画,父母一会说太阳不够大,一会说树木不够绿。

当孩子摇头、皱眉的时候,可能是表达了不愿意被打扰的情绪,或者否定父母的做法,父母就要改变自己的做法了。当孩子眉头紧锁、低声哭泣时,孩子可能有心事或者不高兴,父母应调整自己的状态,多陪陪孩子。

一个在父母不断打扰下长大的孩子,会变得对打扰很麻木,认为被打扰是一种常态,不自觉地就会打扰别人。一个很少被父母打扰的孩子,更懂得尊重别人的状态,不会莽撞行事。要想自己的孩子不打扰别人，家长先不要打扰孩子。

培养孩子"适时喜怒"的能力

《弟子规》曰：言语忍，忿自泯。

说话的时候，彼此忍让，愤恨自然就会消失。人与人之间关系的恶化，多在于彼此不能忍让，让愤怒的火焰烧毁了理智，伤人害己。

中秋节本是亲人团聚的欢乐时刻，可是，在一间出租屋里，一个男人杀死了女友。事情的起因很简单，女孩口渴，想喝水，让男友给倒杯水，遭到男友的拒绝。女孩很委屈，就说自己帮他找了工作，他挣得钱少，自己还给他钱花，这点小事他都不愿帮忙，很生气。两个人吵了起来。

争吵中，男友突然拿起床边准备用来晾衣服的绳子，死死勒住女孩的脖子。看到女孩反抗，他又把一个塑料袋套在女孩的头上……就这样，女孩被同居男友杀死了。

冲动是魔鬼。如果一个人不能控制自己的情绪，就如同身体里隐藏着一个魔鬼，不知道什么时候，就有自伤和害人的危险。

感情再好的两个人，彼此有很深厚的友谊或者感情，也会出现意见相左不能遂对方心愿的时候。最不伤害友谊或情意的方法是，忍住不满或者站到对方的角度想一想,比较容易释然。

人皆有"七情六欲",遇到外界的不良刺激时,难免情绪激动、发火、愤怒,这是人的一种自我保护的本能和心理反应。如何不被这种不良情绪伤害,是父母培养孩子高情商的重要内容。

当孩子有了需要,没被满足时,情绪会变得糟糕,会大哭大叫发脾气。这时,有的妈妈会说:"别哭!"这么说等于命令孩子强行控制情绪。对于孩子来讲,这有一定的难度。

妈妈陪伴孩子,不喊不叫,任由孩子将负面情绪发泄完,默默地拥抱孩子。等孩子的情绪平复后,问问孩子:"为什么不高兴? 可以跟妈妈说说吗?"如果孩子愿意说,就帮助孩子解决问题。

较大的孩子,有一定的情绪控制力了,可以告诉他,情绪糟糕时,不要发怒,调整一下心情,想一些高兴的事情,换一个场景眺望远方,做做深呼吸,运动运动,就会好一些。人前不发怒,心里实在憋闷的话,等回到家后,一个人躲在房间里哭一场或听听欢快的音乐转换一下心情,就雨过天晴了!

父母生气的时候,可能喜欢坐下来喝一杯茶,放下要做的事情;孩子心情不好时,也可以给孩子倒一杯水,或者说一句"休息一下吧"。这样,就能逐步让孩子懂得一个道理,生气的时候静一静,激动的情绪就能平静下来。这样可以避免在愤怒时失去理智,做出错误的决定。

生气时,可以想一些特别的方法,来抑制怒火燃烧。

乔乔很淘气,每天把家里弄得翻天覆地,每样东西都处于散乱的状态,扰乱了人的心情。妈妈是个急性子,找不到东西就发火。大发雷霆之后,妈妈既后悔又担心,小孩子就是在淘气中长大的啊！自己发脾气的样子一定很狰狞,很难看,儿子会不会也学会呢?

一次,儿子要玩具,妈妈没腾出手,就大声说:"自己去拿!"儿子发脾气了,把吃了一半的梨扔到了沙发底下。他紧绷的小脸上分明写着不服气。妈妈想,如果自己说,妈妈正忙着呢,你自己去拿好吗?儿子或许不会这么生气。儿子的行为正是自己坏心情的写照啊!

自这以后,妈妈开始努力控制自己的情绪,以温柔的态度对待儿子。情绪不好时,她快速地走到窗前,眺望远处的巍巍青山,在心里默默地从1数到10。如果还是生气,就继续数到100。家里一团糟,她就带上儿子,一起去外边转转,吃点小吃,回来后,心情平复了再收拾。如果太累,就立刻洗个热水澡,换上居家服,躺到床上,等负面情绪消散后再工作。

心情好了,处理起儿子的问题来也温柔多了。"儿子,家里太乱了,和妈妈一起收拾吧!"孩子参与收拾后,反而懂得保持家里的整洁了。

心情不好或者被孩子的状态破坏情绪时,父母很容易发脾气。为避免这种坏情绪的相互激发,父母要学会理智地爱孩子。

在溺爱中长大的孩子,性格容易娇纵、蛮横,一旦要求得不到满足,就会发脾气。研究表明,在家长理智的爱护下长大的孩子,情绪控制力更强。

有一次,在一家玩具中心柜台前,布布缠住妈妈,要买一个标价248元的电动玩具。这个月的玩具费已经花完了,但妈妈没有直接拒绝。她耐心地说:"那件玩具挺好,妈妈看了也很喜欢! 宝宝有眼力！妈妈同样看中了一双鞋子！可是，这两样东西都不能买！这个月有好几项支出，需要给宝宝买营养品、交托儿费、给奶奶买生日礼物，妈妈还答应带你出去旅游。对不对？要买玩具，等过段时间，好不好？"妈妈一边说，一边抚摸了一下布布的脸，牵起他的小手，离开了。

不能满足孩子提出的要求时，一边耐心解释赢得时间，一边带孩子离开激发欲望的环境，是最简单而快速平复孩子情绪的方法。

- ●

你所不欲，勿施于孩子

在教育孩子的时候，我们是那么渴望能够与孩子合作。当我们怀着美好的期待与孩子接洽的时候，往往把局面搞得一团糟，不是父母诚意不足，而是大多数的父母忽视了"己所不欲，勿施于人"的道理。

《弟子规》曰：将加人，先问己，己不欲，即速已。

打算要求别人去做的事，首先要问一问自己愿不愿意做。若是连自己都不愿意做的事，就该立刻停止，不要让别人去做。

"己所不欲，勿施于人。"让别人做事之前想一想，别人愿意做吗？这件事能带给别人什么好处呢？会不会让人感觉很烦？如果答案是否定的，连自己都不愿意，就不要让别人去做了！

在家庭教育中，忽略了孩子的感受，父母就容易偏向主观，按照自己的想法对待孩子。孩子自我意识觉醒后，自主意识比较强，面对父母所发出的指令，他们不愿意做或者不能做到，就会反抗。这被父母称为逆反心理。

周末，姨妈带着表妹来晓晓家做客。两个孩子很久不见，玩得很开心。玩着玩着，为了抢夺一个遥控小飞机，两个孩子打了起来。晓晓年纪稍大一些，个子高，把表妹推了个跟头。表妹的头磕到沙发背上，很疼，当即哇哇大哭，一边喊"坏哥哥"，一边要回家。

晓晓的妈妈抱起表妹，严肃地对晓晓说："你是哥哥，应该让着妹妹。"晓晓大声说："不对，这玩具是我的，得听我的。"妈妈说："玩具是我买的，我说了算！"她一把抢过玩具，塞到表妹手里。晓晓当即大哭："你不讲理！欺负我！"

类似这样处理孩子抢玩具的家长绝不在少数，一般会碍于面子，压制自己的孩子，成全别人的孩子。这样的霸道行为，不是解决问题的好方法。把自己心爱的东西给别人，恐怕连大人都做不到，何况孩子呢？

聪明的妈妈懂得"己所不欲，勿施于人"。当孩子争抢玩具时，找出另外一个更好玩的玩具，或者组织一个更有趣的玩法，转移或者增加注意目标。孩子感受到了被重视，哪里还会有纷争呢？

晓晓习惯了独享玩具，看到别人玩自己心爱的玩具，心里必然不舒服。妈妈可以对他说："大家马上要出去散步了，晓晓留在家里玩小飞机吧。""现在是吃水果时间了，把玩具收起来，一起吃水果。"亲戚离开后，只对晓晓一个人说："妈妈觉得，今天你应该做一下让步。妹妹好久才来家里一次，让给她玩，只不过一会儿，就能让妹妹开心、喜欢你，而你有大把的时间玩自己的玩具啊。"

暂时把矛盾转移，事后跟孩子沟通，不会激发孩子的怒气。

当父母试着与孩子做换位思考，站在孩子的角度思考问题，就不会伤及孩子的感情。孩子会觉得自己被父母理解、接纳与尊重了，也就对父母产生信任与安全感。有了这样的心理基础，孩子的坏情绪被抑制住，理智与认知保持正常水平，父母偶尔进行说服教育，孩子也能接受。

有媒体报道，一名高三学生玩电脑时，父母想让他学习，他不听，双方起了争执。父母一气之下，拔掉了网线。后来，这个孩子从很高的楼上跳下，身亡了。父母一直认为，拔掉网线是孩子跳楼的原因。

当孩子不懂得"学生应该学习，不能长时间上网"的时候，应该是你的教育出了问题。这个时候，重点在于改变孩子的认知，而不是以拔掉网线的方法对抗孩子。即使拔掉了网线，不爱学习的孩子也不会学习。

对于孩子来讲，网络生活带来的只是暂时性的沉迷，不是真正的充实和满足。孩子的意识深处会感到很苦恼。这个时候，很需要父母的理解和支持，暴力的做法会把孩子推上绝路。

赢得他人信任：会鼓励，能规劝

真正的鼓励，不是对孩子的错误视而不见，而是把错误当成孩子成长的机会，从而使孩子掌握正确的行为方式，拥有良好的品质。

《弟子规》曰：善相劝，德皆建，过不规，道两亏。

发现别人的长处要给予鼓励，这对双方的品德都有益处。发现别人的过失却不加规劝，这对双方来说，在道义上是一种亏损。

孔子说，朋友的道义，是彼此规过劝善，不是专说好话。与人相处，距离近了，对他人身上的优点和缺点会看得很清楚，怎么做能促进彼此的进步，赢得他人的信任呢？规过劝善。

发现别人的长处，要鼓励。怎么鼓励？及时鼓励！当时当景，勉励对方的进步，更能打动对方的心。

妈妈跟阳阳说，周末去参加一个聚会，介绍中央美术学院的几个美术老师给他认识。这对于正在学习绘画的阳阳来说，是个绝佳的学习机会。

可是，阳阳说他不能去。一听这话，妈妈就来气了！中央美术学院的教授，见一面有多难啊？要不是有这个聚会，无论如何也请不到的。

妈妈努力压住火气问儿子："为什么不去？"儿子说："我答应参加同学的生日会了。"

妈妈说："你可以到生日会上坐一会儿就出来。那么多同学，不差你一个。"儿子说："不可以。这名同学刚刚失去妈妈，很可怜，我想多陪他一会儿，让他开开心心。"

妈妈说:"难得你这么有爱心,妈妈尊重你。回头,妈妈给你买个蛋糕,给同学带过去!"阳阳开心地说:"妈妈,您太理解我了! 以后,我一定听您的话!"

鼓励他人,除了及时,还要真诚。发自内心的鼓励会带给对方进步的动力。鼓励的话语不要带有酸酸的味道,否则让对方察觉后,就拉远了彼此的距离,心里都不舒服。

鼓励的话语有助于他人看到优势,但人无完人,犯错了就需要规劝,以便减少损失。

相对于鼓励,规劝似乎要容易一些。相处久了,就能感受到对方的弱点。告诉孩子,任何不足,性格上的或者技能上的,都可能令事情变得不够完美。规劝别人弥补不足或者改正错误,能令对方进步。但是,规劝的方式一定要巧妙,对方才能重视。利用这个规劝孩子的机会,更能教会孩子怎么规劝他人。

089

冰冰喜欢吃甜腻腻的食物,像奶油蛋糕、冰淇淋、巧克力等,每次都能吃很多。妈妈告诉她,那些甜食含有太多的反式脂肪酸,吃多了不利于青少年的成长和发育。

可是,冰冰说:"我的同学都喜欢吃,他们的妈妈还经常买来当奖品呢。"

妈妈说:"他们可能没有意识到反式脂肪酸的危害吧! 反式脂肪酸吃多了,增加患冠心病的危险;提高糖尿病的发病率;影响青少年的成长和发育,对中枢神经系统的发育造成不良影响;诱发肿瘤、哮喘、过敏等疾病。你还是劝劝你的同学少吃吧。"

冰冰把妈妈说的内容,写到纸上,然后誊写在精美的小卡片上,制成"健康小卫士"，发给喜欢吃甜食的同学。那些同学很感动！

孩子容易自以为是，听不进别人善意的规劝。规劝要建立在信任的基础上。不是很要好的朋友，不够亲密的话，劝说没有效果。劝说之前，要有充分的心理准备。如果对方不听，不要有情绪，反省一下是不是自己表达得不够清楚，或者自己做得不够好。

规劝别人，切忌脱口而出。当时当景说出来，对方一时反应不过来，可能接收不到你善意的提醒。事后说，效果更好。即使非得当时说不可，也要把对方带到一个人少的地方，冷静地说出来。

美国心理学家研究发现，同龄人对于孩子成长的影响，远远大于父母。思维能力还没有成熟的孩子，即使在家里受了很好的道德教育，如果每天和一些不守规矩的同学交往，也很难懂规矩。

美国心理学家朱迪丝·里奇·哈里斯在英国《展望》杂志上撰文说，与家庭生活和遗传基因相比，外部因素，如流行文化、同龄朋友等，对儿童的成长和性格形成影响更大。可见，与同龄人交往对孩子成长的影响已经引起国际教育界的关注。

最近，婷婷的穿衣打扮越发新潮，尤其是发型，直发、波浪卷、爆炸式，浅黄、葡萄紫、栗色……妈妈虽然算得上新时期的"潮妈"，但女儿不断下滑的学习成绩，不得不让她多了些关注女儿的心思。

那天，妈妈有意点拨："我女儿现在都成大海的女儿了，很潮呀！"女儿得意，在镜子前摆了一个又有一个造型后说："又没花钱，赶时髦呗！"

看着女儿飘飘然的样子，妈妈觉得女儿肯定受了什么人的影响。偷偷跟踪了女儿几天，妈妈发现女儿认识了一个做理发师的女孩,两个人成了朋友。除了那个理发师经常跟女儿在一起玩,另外还有两个成绩不太理想的同校男生。

妈妈心里翻腾起来。这样下去,女儿的学习会变得更糟糕,需要尽快采取行动。机会来了。期末考试,女儿的成绩创了新低。妈妈抓住时机,好好教育了女儿一番。妈妈说,朋友在人们的社会活动中很重要,妈妈支持你交朋友。但选择朋友要慎重,朋友的类型体现了你的兴趣和品位。朋友有好坏之分,良友、益友可以给人带来很多帮助;恶友、佞友却会给人带来许多麻烦,甚至引人走上邪路。

能分享、懂给予:没有无法改变的小气孩子

自私,之所以成了一部分孩子的标志性行为,是因为我们没有把教孩子分享当成一件重要的事情来做。

> 《弟子规》曰:凡取与,贵分晓,与宜多,取宜少。
> 《三字经》曰:融四岁,能让梨。弟于长,宜先知。

无论是从别人手里得到东西,还是把东西给予别人,都要分得清清楚楚。给予别人的东西应该多些,获取别人的东西应该尽量少些。汉代人孔融,在4岁时,就知道把大的梨让给哥哥吃。这种尊敬和友爱兄长的道理,每个人从小就应该知道。

与人相处,不肯吃亏,只想着占便宜,行为就会变得小气。谁也不喜欢小气的人。在交往中,一方小气就意味着另一方吃亏。占便宜、不吃亏是人的天性。为了保护自己的利益不被侵犯,只能远离小气的

人。这就是谁都喜欢跟大方、大度的人交往的理由。能分享、懂给予的人更有好人缘。主动把好处让给别人，吃些小亏，更利于交往。

孩子的行为是耳濡目染父母的做法后产生的，孩子的品质是多次行为后的累积。任何一个小气孩子背后都有一个小气的家庭或者一对小气的父母。一对大方的父母，认为大方是好品质，着力培养孩子的分享精神，他们的孩子一定不会小气。

礼让是中华民族的传统美德。自古以来，就有"王泰让枣""孔融让梨""六尺巷""将相和"等故事。这些故事穿越时空依然响彻耳畔，原因就在于道出了我们的心声。

礼让是一种双赢的交往方式。小的时候礼让他人，长大了不自私，肯付出，也能赢得他人的无私帮助。

孔融小的时候让梨，长大了愿意为兄弟承担罪责。

孔融的家里有七兄弟，孔融是老六。他哥哥的一个朋友遭到宦官的追捕。汉朝时期，宦官当道，气焰熏天，凶残无比。哥哥的朋友无处可去，就逃到孔融家里，想躲一躲。

那天，哥哥不在，朋友就把自己的情况跟孔融讲了。

朋友本不抱什么希望，但是孔融很懂事地说："不要紧，我哥哥不在，我是他弟弟，你请住下。"这个当时被宦官通缉的要犯，就被孔融藏在了家里。

不幸东窗事发，官府追究孔融窝藏的罪责。这时，孔家人急了，每个人都争相坐牢，都说是自己收留的。孔融的母亲说是她收留的，孔融说是自己收留的，孔融的几个哥哥都分别说是自己收留的。孔家人那份毫不畏惧的气概，在当地传为美谈。

礼让起于为他人着想。培养孩子的这个习惯,要考虑孩子的心理发展状况。

有的妈妈着急培养孩子礼让的美德,孩子几个月大的时候,就引导他分享。吃东西,先给大人咬一口;玩玩具,见到小朋友,先让别人玩一会儿。孩子不愿意,软硬兼施,说服诱导,使得孩子松手。这样做的目的只有一个,教孩子学会分享。

7岁前,孩子以自我为中心,他们只看到自己的需要、体验,不能从对方的角度考虑问题。他们过于依赖自己的观点,不能对他人的动机、愿望和意图做出正确的判断。而且,他们经常认为,自己知道的事情别人也必然会知道。

关于分享,父母教了,他们懂了,开心地按照父母的意思做了,但这并不是恒定的行为。相同的玩具,今天和朋友分享,大家一起玩;明天就可能死死抱住,不让别人摸。

小宝宝出生以后,需要逐步建立起物权意识,分清了你的、我的,才能很好地与他人分享。宝宝在建立物权意识的过程中,享受"占有感",不愿意与人分享事物、玩具,甚至摸摸都不可以。妈妈要尊重宝宝的所有权,"我的东西我做主",不要强迫宝宝分享。这样有利于宝宝区分哪些是自己的,哪些是别人的,确立一种认识,自己的东西自己做主,要分享别人的物品,需要征得对方的同意。

如果教他分享,那么先征求他的意见,不同意就算了。

只有当宝宝逐渐清晰"我的"和"你的"之间的界限,他才愿意用自己的东西和别人的进行交换,真正懂得和学会分享,"我的东西大家用","大家的东西也会给我用"。

对于小宝宝,我们既要教会宝宝分享,不独占,又要尊重宝宝的自我中心,包容宝宝的"不分享"。这样,宝宝长大了才不自私。父

093

母强迫宝宝把自己的东西分给别人、让别人玩,伤害了宝宝的心理需要,宝宝会产生恐慌感和被剥夺感。这样的宝宝长大后,会很小气,不愿意分享。

　　在宝宝逐渐长大的过程中,好吃的、好玩的,让他和小伙伴一起分享,同时允许宝宝接受小伙伴的馈赠。多次赠予和分享后,孩子能感受到分享的快乐,会认为一起吃、一起玩更好。

第四章　品质塑造高贵，仁德畅行社会

巴菲特说，评价一个人时，应重点考查四项特征：善良、正直、聪明、能干。如果不具备前两项，那么后面两项会害了你。里根也曾说，如果你正直，这比什么都重要；如果你不善良，什么都不重要了！

做事就是先做人，应做一个善良、正直、坦荡的人！做人成功了，做事不成功是暂时的；做人不成功，做事成功也是暂时的。

隶书　商道酬信(书写:陈彦霖)

亲近仁者，做个头等好人

一个人严格要求自己、宽以待人、办事快捷，就会得到众人的信服，就不会受到外来的侮辱。

> 《三字经》曰：曰仁义，礼智信，此五常，不容紊。
> 《弟子规》曰：能亲仁，无限好，德日进，过日少。不亲仁，无限害，小人进，百事坏。

如果所有的人都能以仁、义、礼、智、信作为为人处世的标准，社会就会永葆祥和。每个人都应遵守，不可怠慢、疏忽。

如果与品德高尚的仁者亲近，就会得到很多的益处。与仁者亲近之后，个人的品德就会一天天地进步，而过失就会逐渐减少。不去亲近品德高尚的仁者，会有很多的害处。这样一来，小人就会趁机接近你，什么事情都要变坏了。

"仁、义、礼、智、信"是"三纲五常"中的"五常"，是儒家思想的基本内容和总的纲领。虽然在现代社会生活中，人们的观念在不断地发生着变化，但是作为传统文化和道德的精髓，它还存在着，依然是子女教养中不容忽视的内容。

"仁"是孔子的主要思想，也是儒家思想的核心。孔子把"仁"从人与人的亲善关系发展到"爱人"，指仁爱之心、爱人利物，提倡人们互助、互存、互爱。

"义"是指道义、正义，是由孟子提出的。它要求人们公正合宜、主持公理，反对为达到目的而不择手段。

"礼"是指礼仪、礼节，做人应该谦恭礼让，识大体、知礼节；"礼"是指人的行为规范，守规矩，不放肆，内恭外敬，说话做事都不会逾矩。

"智"是指才智、智慧，是指人明辨是非、英明果决的能力。"智"是实现"仁"的重要条件，要达到真正的"智"，就必须有正确的学习方法，即"博学、审问、慎思、明辨、笃行"。

"信"指诚信、守信，做人诚实守信、一诺千金。

"仁、义、礼、智、信"，不仅是做人的准则，更是维系人与人之间关系的桥梁。只有每个人自觉遵守，不懈怠、不疏忽，才能保证社会生活有序进行。

"仁"是五德之首。如何做才能达到"仁"呢？孔子在《论语·阳货》篇中提出五条标准，就是"恭、宽、信、敏、惠"。孔子说："恭则不侮，宽则得众，信则人任焉，敏则有功，惠则足以使人。"一个人严格要求自己，宽以待人、办事快捷，就会得到众人的信服，就不会受到外来的侮辱。

"仁、义、礼"后面接的是"智"和"信"。这个顺序为什么不能紊乱呢？这里有中国传统思想的一种精义所在。按照儒家思想，智慧和守信是好东西，但是必须以"仁、义、礼"为前提。如果没有"仁、义、礼"为前提，"智"和"信"可能是很可怕的。很简单，如果一个人不讲仁义道德，也不守礼仪，不遵守社会秩序，社会就会大乱，拥有再多的才华也无处施展。有智慧的坏人，守"所谓信用"的坏人，比笨的坏人，说话不算数的坏人，恐怕更可怕。

很多聪明的孩子最后没有成才，或者学业有成后干了让人不齿的事情，问题就出在缺少"仁、义、礼"。社会生存规则很多，最基本的礼貌、爱心、人际交往、公共道德、责任感等不是生来就有的，而是在成长过程中培养和习得的。

1. 向身边的"道德榜样"学习

见贤思齐。好的榜样很有震撼力，能够驱使一个人努力赶上。儿童与青少年经常以他们的父母为榜样，加以模仿。父母高尚的道德品质和修养，会极大地感染其孩子，使他们的品德也向着良好的方向发展。

品德高尚的人，对自己要求严格，不做违背社会公德的事，不置他人于不方便或者麻烦的状态中。孩子与这样的人接触，就能习得好行为、好品质。

民国初年的朱庆澜把一个人从出生到6岁入学前、入学读书、离开学校走上社会这三个阶段，形象地比喻为"三道染缸"。不管是在家里，还是在学校和社会，都能受到正向的影响，孩子这个"白丝"一定会被染成大红的色彩，成为头等的好人。

生活中的仁者都是什么样的人呢？舍己为人的人、团结互助的人、遵守纪律的人、诚实不欺的人、文明礼貌的人、勤劳朴实的人、真诚宽容的人、英勇清廉的人、无私奉献的人，等等。这样的人很多，有来往比较密切的亲戚、朋友、街坊邻居、师长、同学等。我们一定要明白，为孩子提供身教的，除了父母，还有很多人。

2. 随时纠正不道德的行为

单纯地对孩子说"要讲礼貌""宽容他人"这样的话，太抽象、概括，孩子不容易往心里去，采用情景式教育，更能规范孩子的行为。

妈妈带着洋洋去蛋糕店买蛋糕，买蛋糕的人排成长队。这时，一个小男孩跑过来，站到了队伍前面。很多人指指点点，说这孩子怎么加塞？真没礼貌！见到此种情景，妈妈问洋洋："那个哥哥的做法对吗？"洋洋答道："不对！"接着，妈妈告诉洋洋，这样做是没有礼貌的表现，也是不守秩序的表现。但是如果实在太饿了，可以理解。

妈妈又问洋洋："如果小朋友实在饿得不行，该怎么办呢？"洋洋说："可以请求大家，让自己先买一块。"妈妈说："小孩子礼貌的请求，大人会体谅。这样的话，小孩子先买，大人也不会生气！"

少年时期，道德理想比较容易改变。除了利用真情实景教育，还可以通过看电影、分析人物形象的方式，把道德概念具象化，更能感染孩子。

发展心理学认为，孩子读到五年级，会逐渐表现出具有一定的自觉性、独立性和坚定性的道德信念。五年级以前，孩子的道德意识不坚定。这时，妈妈要多多提醒，孩子才不会做出违背道德的事情。

3. 不重智轻德

养育之恩重于泰山，唯一的回报就是孝顺。在教养上重智轻德，孩子就可能把好好学习当成对父母的回报。

某高学历男士，在单位是好员工，积极努力，业绩突出；在家里，却屡屡打骂辛苦养育他的父母，还打过供他读书的姐姐。

上学的时候，他成绩好，一家人都疼爱他，以他为骄傲，姐姐打工赚钱供他读大学。工作以后，家庭和工作的压力增大，他变得脾气暴躁，经常和妻子吵架。

一个人连自己的家人都不爱，怎么可能去爱别人、爱自然、爱这个世界呢？一个不尊重家人的人，怎么可能尊重社会道德规范呢？如果一个人不孝敬父母、不友爱他人、不遵守社会规则，那么他所学的知识没有带来进步的力量，就会有伤害力。

开启孝顺的家庭模式

养育孩子的过程，既是尽到做父母的责任，也是建立亲子之情的方式，更是塑造孩子、塑造自己的好机会。

> 《三字经》曰：首孝悌，次见闻。
> 《弟子规》曰：冬则温，夏则清，晨则省，昏则定。出必告，反必面，居有常，业无变。

一个人首先要学的是孝敬父母和兄弟友爱的道理，接下来是学习看到和听到的知识。

在冬天寒冷的时候，必须照顾好父母，让他们感到暖和；而在夏天炎热的季节，则要让父母感到清凉；早晨要向父母请安，晚上要服侍父母睡下。出去的时候要告知父母，回来的时候也要告诉父母。要有固定的居处，要有稳定的职业。

天下父母都希望儿女充满孝心，当暖暖的爱意回荡于家的港湾时，幸福的何止是父母呢？让我们全力培养一个孝顺的孩子吧！

1. 尊重孩子的需要

研究表明，如果父母在孩子婴幼儿时期反应迅速，给予很多温暖,能在互动时帮助孩子实现愿望,并且预期分享积极的情绪体验,孩子对父母形成安全型依恋,能促使孩子良心萌发。一个有良心的孩子,在父母的尊重中长大,不会缺德。

孩子不孝,错在父母的教养。孩子每一个不良行为的背后,都有一个让他得逞的家庭模式。出不孝之子的家庭,一定有其不良的教养模式。最为常见的有以下几种。

孩子出生以后,全托给爷爷奶奶,衣、食、住、行,爷爷奶奶全包了。爷爷奶奶娇惯纵容孩子,父母不管不问。

孩子在父母的娇生惯养中成长,过于依赖父母,父母日趋年迈,也不争取自立,日子过不下去就"啃老"。

成长在不孝顺的家庭,父辈不孝顺祖辈,孩子耳濡目染,长大了也不懂得孝顺自己的父母。

孝是人的品行中不可或缺的部分,是人格的折射。英国剧作家莎士比亚说过:"逆子无情甚于蛇蝎。"

养育孩子的过程,既是尽做父母的责任,也是建立亲子之情的方式,更是塑造孩子的机会。从嗷嗷待哺的婴儿成长为风华正茂的青年,享受过父母的养育和关爱,才会体谅父母的辛劳,萌发报答的情怀。

2. 和孩子一起孝顺长辈

做了父母,不但要精心养育孩子,还要和孩子一起孝顺长辈。在日常生活中,悉心关照长辈,多陪伴长辈,关心长辈的身体健康。在特殊的日子里,比如长辈的生日、母亲节、父亲节、春节等,是长辈期待全家团聚的时刻,养成每逢节日回到长辈身边的习惯。这些孝行,家长做的时候,孩子就看在眼里,记在心里。

有一名9岁的孩子,非常孝顺。爸爸腿疼时,他会给爸爸捶腿;有好吃的东西,他会给父母留一份。在家里,他会经常帮妈妈拖地、擦桌子、洗碗等,而且做得特别认真、仔细。

每次去爷爷奶奶家,看到爷爷正在拖地,他都会说:"爷爷,你休息一会儿,我来拖吧!"看到屋子脏,这名男孩也会主动扫地。

孝行带有回报性。父母爱孩子、爱得对、爱得适当,孩子领会到父母的苦心,就会孝顺父母。

3. 不溺爱孩子

爱得过多,则麻痹了孩子的心灵,使得孩子不懂爱,不懂回报他人。

丽丽是家里的独生女,从小娇生惯养。晚饭后,丽丽突然想吃西瓜。北方的冬季,西瓜很贵,不是平常人家常备的水果。妈妈对丽丽说:"家里没有,要吃就得出去买。"

父母工作了一天,都很累,下班后还要做饭、收拾房间、洗衣服,实在没有精力出去给女儿买西瓜。于是,从冰箱里取出苹果、橘子等水果让女儿吃。妈妈说:"外面刚刚下过一场雪,路很滑,实在想吃的话,明天再买。"

女儿说每天吃这些水果,腻了,想吃西瓜,缠着父母出去买。

爸爸没有办法,穿上衣服出去。附近的超市没有,爸爸就骑着自行车去较远的一家大超市碰碰运气。

经过一个路口的时候,爸爸的自行车拐弯不当,连人带车摔倒了。恰巧,对面驶过来一辆三轮车,也顺带滑倒,压到了爸爸身上。

爸爸因为腿部骨折被送到医院,在医院住了两周才出院。两周的时间,女儿一次都没有去医院探望过爸爸,连个电话也没给爸爸打过。爸爸住院了,妈妈依然没有忘记给女儿买回西瓜解馋。

爱孩子可以无条件,但必须有规矩。逾越了满足孩子正当需要的尺度,孩子会过度索取,不知奉献,因为这样的孩子已经失去了爱人的能力。

拥有成功人士的品质:虚心

颠簸的路上,车越空,声音越大。慢慢人生路,需要大脑里装满知识和能量,才能默默前行。虚心学习,是心不空的首要方式。

《三字经》曰:昔仲尼,师项橐。古圣贤,尚勤学。
《弟子规》曰:见人善,即思齐,纵去远,以渐跻。

当年,孔子是个十分好学的人。当时,鲁国有一位"神童"名叫项橐,孔子就曾经向他学习。像孔子这样的圣贤,还不忘勤学,何况我们普通人呢?

看见别人的优点和善行,就要向他学习,就算和他相差得很远,自己也要努力去做。

虚心学习,是成功人士的普遍品质。

孔子是当时人眼中的大学问家,但是他认为"三人行,必有我师焉,择其善者而从之,其不善者而改之"。孔子不仅向当时声名显赫的社会贤达虚心请教,还向那些"大德不官,大道不器"的山林隐士学习。他曾坦率地承认自己农业方面"不如老农"和"不如老圃",自己乃"空空如也",谓"吾有知乎哉,无知也"。

爱因斯坦9岁的儿子问他:"爸爸,您为什么那样有名呢?"爱因斯坦听了哈哈大笑,对儿子说:"你看,甲虫在球面上爬行的时候,它并不知道它走的路是弯曲的。我呢,正相反,有幸觉察到了这一点。"如此谦虚,难怪爱因斯坦能取得如此大的成就。

成功不是任何人的馈赠,是个人努力的结果。即使功成名就、富可敌国,如果自高自大、不思进取、脱离社会,也可能转瞬即逝,没入时代的洪流。要想跟上时代的步伐,需要怀有一颗"空杯"的心,不断努力充实自己!如何让孩子成为一个虚心学习的人呢?

1. 夸孩子有度

孩子有了一些成绩,需要父母的鼓励,这样有助于培养孩子的自信。但是,夸奖过头,会导致孩子自负,不谦虚。好妈妈要懂得适度夸孩子。

卡尔·威特生下来时智力不健全,但他的父亲老威特运用一种与众不同的教育方法,使小威特在8岁时,就已经掌握德语、法语、意大利语、拉丁语、英语和希腊语等语言。同时,小威特还通晓动物学、植物学、物理学、化学,尤其擅长数学。在10岁时,小威特就考上哥廷根大学。当他未满14岁时，就被授予哲学博士学位。16岁时，他又获得法学博士学位，并被任命为柏林大学的法学教授。

儿子如此才华出众，做父亲的喜不自胜，但是老威特禁止任何人表扬他的儿子，生怕孩子滋生骄傲自满的情绪。

2. 孩子骄傲时，善意地提醒

骄傲是谦虚的死敌，这一点，光说效果不大，要让孩子感受到骄傲的后果！孩子受挫后，更能吸取教训。

有位妈妈带儿子去溜冰。孩子只是在妈妈的搀扶下，在溜冰场里顺着扶手走了一圈，就美滋滋地说"我已经学会溜冰啦"，坚决要求甩掉妈妈的手，自己滑。妈妈说："我再扶你一会儿，等你掌握了平衡，再自己滑！"男孩不同意，强调自己能行！妈妈刚一松手，儿子身体一歪，就摔倒了。他挣扎着爬起来，又摔倒了。几次摔倒后，男孩拉住了妈妈伸过来的手。

现实中，这样的例子很多。教孩子做饭，还没等家长说完，他就说会了，结果做出来的饭，既不像粥，也不像米饭。打羽毛球，教他发球，球还没有发出去，他就一把夺过球拍说："不用教，我会！"可结果是球连一米都打不出去！遇到这种情况，不用多说话，由着他去。孩子尝到了苦头，就懂得了凡事没有那么简单，就不敢轻视了。

科学家巴夫给青年人的一封信中这样写道："切勿让骄傲支配了你们。由于骄傲，你们会在应该统一的场合固执起来。骄傲心理作怪，会拒绝有益的劝告和友好的帮助。而且，由于骄傲，你们会失掉客观的标准。"

3. 看清真相,避免骄傲

当孩子有了一些进步、取得一些成绩时,可能会骄傲。这时,让孩子认识到成绩的取得是阶段性的、局部的,持续努力,才可能更优秀。

有一个孩子,在妈妈的帮助下,背出了二十多首唐诗。家人很高兴,亲戚得知他会背唐诗,请他背几首。背完之后,大家都夸他聪明,孩子很高兴。妈妈发现自己的孩子有点看不起人,动不动就说别的小朋友很笨。

妈妈看出了孩子的心思,就带他去了文化宫。那里有很多正在学才艺的孩子。有的孩子京剧唱得很好,有的孩子跳舞很棒,有的孩子正在制作模型……总之,每个孩子都很优秀。

这个孩子有些失落。妈妈告诉他,在这个世界上,有优势的孩子很多,不能因为自己有点成绩就觉得别人不行。好孩子要不断学习,让自己越来越优秀。

多一些从容,才能不急躁

孩子自有他的发展速度,等一等,给他时间,让他自由发挥,做不好、出错了,都不要着急,更不要觉得孩子不如人。在从容做事的环境里,孩子才能不疾不徐。

《弟子规》曰:事勿忙,忙多错。

做事不能过于匆忙,匆忙时,容易出现差错。谁都有遇事着急的时候,怎么做到不着急,似乎是人的一生都要修炼的课题。

著名诗人萨迪说,事业常成于坚忍,毁于急躁。一个急躁的人,无计划,急于求成,心理状态不稳定,不能平心静气地思考、做事,难以达到预期的目的。

急脾气不利于交往、做事,还会影响身心健康。美国精神科医师弗里德曼和罗森曼以3500名健康的上班族为对象所进行的调查显示,比起相较之下个性属于悠闲自在的人,急性子的人,在10年后,罹患心脏病的概率高出3倍。

急脾气不利于身心健康,如何避免孩子成为急脾气的人呢?

1. 妈妈不要嫌孩子慢

具有急急躁躁、匆匆忙忙做事风格的孩子,身后一般都站着一个着急的妈妈。这样的妈妈要么急脾气,自己急,要么嫌孩子慢。孩子做点事,写作业或者吃饭,各种催,急得直跺脚。生活在这样急躁的环境中,孩子无法形成利索、迅速的做事风格,脾气倒很急躁。

妈妈给天天报了好多才艺班,从5岁起,天天就开始学象棋、钢琴。上学了,就开始学英语、奥数。天天读小学四年级了,几乎没有自由玩耍的时间,故而非常讨厌学习。

只要妈妈督促天天做作业、看书、去辅导班上课,他就发脾气。妈妈急了,他就一动不动地站着或者坐着,冷漠地看着妈妈,然后把自己反锁在房间里。妈妈在外面敲门,他就在里面用饮料瓶击打墙壁或者摔瓶子。

孩子的成长是一个缓慢的、渗透心灵的过程，需要家长慢慢等待。如果家长等不及，就会显得急躁，扰乱孩子的成长步伐。淡定的父母更能养育出好孩子。原因在于他们给了孩子按自然规律成长的时间，满足了孩子成长最需要的内容。

著名心理学家皮亚杰认为，人类个体从出生到成熟，大致要经历四个认知发展阶段。①感知运动阶段（0～2岁）。这一阶段的儿童只有动作的智慧，没有表象的和运算的智慧。②前运算阶段（2～7岁）。这一阶段产生的标志是表象性思维的出现。③具体运算阶段（7～12岁）。这一阶段的特点表现为运算的具体性、可逆性以及能够进行群集运算。④形式运算阶段（12～15岁）。这一阶段的特点表现为能将形式与内容相对区分，能进行假设—演绎的推理。只有前一个发展阶段认知方式形成后，才会进入下一个更高级的发展阶段，否则，就会影响后续的发展。

我们不要为孩子做事情慢而着急。慢是由这个孩子的认知特点和做事经验限定的，孩子自有他的发展速度。等一等，给他时间，让他自由发挥，做不好、出错了，都不要着急，更不要觉得孩子不如人。在从容做事的环境里，孩子才能不疾不徐。

2. 孩子有自由玩耍的时间

苏联著名心理学家维果茨基说过，孩子的智力发展和社会化进程主要是在他们和比自己更成熟的社会成员一起活动、相互作用之下逐渐完成的。如果孩子没有自由玩耍的时间、不充分接触社会，智力发展和能力提高都会受到限制。

支持孩子走出家门，加入各种社团和活动组。通过共同的兴趣集合起来的孩子，多大年龄的都有，大家一起活动，有利于低龄的孩子学习。

3. 好方法对抗急躁

脾气急躁的孩子，做事情往往不充分准备就开始，匆匆忙忙做完，结果错误百出。家长及时改变态度，孩子就不会急躁。

有的孩子，是急脾气，要什么玩具，恨不得立马就到手。想喝奶，妈妈迟一会儿，就大喊大叫。不要怪孩子，对他说一声："妈妈马上给你拿，稍微等一会儿。"

上了学的孩子，作业多的时候，生怕做不完。心急火燎地开始了，几分钟搞定，又担心做得不够好。如果孩子是完美主义者，还会从头开始，检查、修正，试图修补由于着急而做得潦草的地方。整个过程都处于心急火燎的状态。

如果你的孩子写作业的时候是这种情况，可以通过制订计划来改变。写作业前，列出作业内容，定好宽裕的作业时间。第一次执行计划时，妈妈可以陪在孩子身边，每做完一项，就告诉他按时完成。几次后，孩子就会觉得不需要着急，按正常的时间来完成就好了。

每次平静地完成一件事情后，孩子对事情的把握能力、情绪控制能力都会提升，急躁情绪慢慢就好了。

讲诚信,说话算数

答应了孩子的事情,如果情况有变化,确实不能实现,那么向孩子表达歉意,然后以其他的方式补偿孩子。孩子感受到父母的真诚,也会很重视诺言。

> 《弟子规》曰:凡出言,信为先,诈与妄,奚可焉!是非宜,勿轻诺,苟轻诺,进退错。

作出承诺,首先要讲究信用。欺骗蒙混,怎么可以呢?别人要你做的事情如果不适宜,不要随便答应;如果信口答应了,不论做还是不做,都是你的错。许下诺言后,会出现两种结果:要么兑现自己的承诺,这就是诚信;要么不兑现自己的承诺,这就是欺骗。

不要轻易承诺,一旦作出承诺,就要努力实现。否则,别人可能认为你是个言而无信的人。对于不妥当的事情,不可以随便答应别人。轻易许诺,就会陷入进退两难的境地,做也是错,不做也是错。

孔子曰:"人而无信,不知其可也。"孔子认为,一个人如果不讲信用,在社会上就无立足之地,什么事情都做不成。

诺言具有道德评价的意义,许诺前一定要慎重思考,要辨别事情是否合法、可行,违背道德和法律的事情绝不可以答应。还要认真审查自己的能力、条件以及准备付诸努力之后,才能作出承诺。只要承诺了别人的事,就要尽力去做。千万不要因为事情小或者大的原因,就放弃。既然答应了,就要努力实现,不然就会被人谴责。

诚信的美德不是生来就有的,不教育或者教育不当,都可能导致孩子失信于人。幼儿的行为规范里没有"诚信"这两个字,说谎了也不会脸红。一天天长大后,能否成为一个讲信用的人,全靠父母的引导和教育。

1. 别把小孩子的想象当谎言

两三岁的孩子,可能会说:"我家有好多这样的小汽车!""我会魔法,想变成谁就变谁!""我买了一个比房子还大的皮球!"这个时候,我们一定不要说:"撒谎! 小骗子!"这个年龄段的孩子,还不能很好地区分现实和想象,说起话来,真假混淆,没有骗人的意图。如果要回应,可以这样回应。

宝宝说:"我家有好多这样的小汽车!"妈妈回应:"是的,我们家有好多类似的小汽车! 跟你这个有些不同!"

宝宝说:"我会魔法,想变成谁就变谁!"妈妈回应:"我儿子的梦想很有意思!"

宝宝说:"我买了一个比房子还大的皮球!"妈妈回应:"我儿子拿放大镜看我家的皮球,对吧?"

这样的引导,有助于孩子看清现实。

2. 父母说话算数

不管孩子多么小,我们都要说话算数。孩子淘气,不要说:"坐那玩一会儿,等妈妈洗完衣服,给你买酸奶喝!"等自己做完事情,一定要去买,否则,就别向孩子承诺。孩子经常被哄骗的结局是除了不信任你、哄骗你,还会如法炮制地去哄骗别人。

妈妈要去姥姥家,岩岩想跟着去。妈妈说:"妈妈带姥姥去医院看病,你不能去。"岩岩最怕医院了,就没有去。过了几天,去姥姥家,姥姥和妈妈说起那次去商场买的衣服不合适。这话恰巧被岩岩听到了,她问妈妈:"妈妈,你上次来姥姥家不是带姥姥去看病,而是带姥姥逛商场了,是不是?"女儿的话,令妈妈无言以对。

很多家长都抱着"孩子小,哄哄没关系"的心态,却不知道小小的孩子,心可细了,家长的一言一行都被他看在眼里,记在心里。你撒谎骗他,他就会编瞎话骗你。父母一点都不能大意。孩子提出要求,能不能做到,要如实回答,切不可为了脱身,就哄骗孩子。

3. 教孩子慎重承诺

对诚信最有力度的考验是承诺。承诺涉及第三方,对一个人的名誉影响最大。美国前总统华盛顿说过:"自己不能胜任的事情,切莫轻易答应别人,一旦答应了别人,就必须实践自己的诺言。"

同学向洋洋借吉他,洋洋的吉他坏了,为了不让同学扫兴,他答应了,想着回去赶快送去修理,再借给同学。结果,在同学用吉他时,吉他没有修好。同学很生气,洋洋很委屈。妈妈告诉他:"不能保证做到的事,就不要轻易答应。如果说出难处,对方更能感受到你的真诚,不会影响你们之间的友谊。谁都不是万能的。"

当有朋友向父母提出要求或者寻求帮助时,如果做不到,果断跟人说:"实在抱歉,我无能为力! 你再想想其他办法吧!"受此影响,孩子就不会顺口答应别人。

世界是不断变化的,条件、环境也在变化。如果兑现承诺的条件变了,无法实现自己的诺言,就要跟对方说明情况,求得对方谅解。

为人宽容、厚道，引导孩子让一让、放一放

厚道人更受欢迎，原因是他们能体会他人的心境，感知他人的需要与痛苦，内心怀有善念，成全人，不为难人。

《弟子规》曰：虽贵端，慈而宽。

虽然品行端正很重要，但也要有仁慈、宽厚的胸怀。

宽容厚道、心地善良、性情温和、慈善和睦，不但能温暖他人，也能给自己带来快乐。正所谓："上善若水。"教育家苏霍姆林斯基说过："一个人应该在童年时就上完情感的学校——进行善良情感教育的学校。"

早早地教孩子仁慈、宽厚，长大才不邪恶、不刻薄。

1. 善待生命

孩子最先接触的是小动物。一两岁时，他就追着狗狗跑，噘起小嘴要亲吻那个毛茸茸的家伙！后来，孩子长大一些后，家长会发现，他有了伤害小动物的行为。这些行为可能是习得的，也可能是被小动物欺负后采取的行动。这时，需要问孩子："妈妈掐你胳膊，疼不疼？你掐狗狗，它也会疼！疼了，心情不好，它就会冲你发脾气！还怎么一起玩耍呢？狗狗碰掉了你的球球，捡起来就好了。原谅它的不小心。"

当狗狗弄脏、弄乱了孩子的东西，他见了一笑而过，不发怒，宽容心就萌芽了。

有一次，车窗里飞进一只小蜜蜂，出不去了。3岁的宝宝见了，

高兴地拍拍手说："小蜜蜂飞进来了,它出不去了,真好玩。我要捉住它!"此时,妈妈说:"我们赶快把它放出去吧。"宝宝不太愿意,问妈妈:"为什么啊?"妈妈便跟他说:"小蜜蜂出来采花蜜,妈妈在家里等它呢。找不到它,妈妈会很着急。你如果跑丢了,别人不让你回家,妈妈是不是也会很着急?"宝宝听懂了,点点头说:"我也会很想妈妈的。"于是,母子俩开窗把蜜蜂放走了。

教孩子体会他人的心境,孩子就能感知他人的需要与痛苦。

善待生命的含义很广,包括爱护生活环境里的树木、花草、飞鸟、虫鱼,也包括善待比自己小的孩子、耄耋之年的老人、遇到困难的人,为他们提供方便。

2. 包容他人

当下的孩子很受宠,容易对自己宽容,对别人严苛,以至于失去公平的心,不利于交朋友。应该让孩子认识到,如果要求每个朋友都是完美的,就会没有朋友。如果细究朋友所说的话和所做的事,只能淡化友谊,徒增烦恼。放宽心态,多一些宽容和理解,内心轻松,他人也快乐。

晓晓从同学的生日会回来,把手中的礼物甩到沙发上,就兀自进了卫生间。妈妈觉得很奇怪,女儿可是兴高采烈地去参加生日会的。当时,她还对妈妈说:"这可是我最要好的同学的生日,很有意义!"

妈妈觉得女儿可能是受了什么委屈,默默地坐在沙发上等女儿。终于,晓晓出来了,小脸上明显有泪痕。

"玩得开心吧? 宝贝!"妈妈拉着9岁的女儿的手问。

"一点都不开心，讨厌死了，可恶的梅梅！"于是，晓晓把梅梅怎么在生日会上喊自己"小兽星儿"的经过学给了妈妈。

妈妈说："原来我女儿是为了这个伤心呀！这么说当然令人不开心！不过，梅梅可能是一时口误！想想，你们是那么好的朋友，她怎么会这么说你呢？好朋友的口误都要生气，你太令人失望了！"

晓晓想了一会儿，觉得妈妈说的话有道理。情绪很快就平复了！

当孩子把退一步当成怯懦的时候，我们要告诉他，只要不丢失原则，在明辨是非后宽容地退让，是对朋友的谅解，会让对方感动，能增进友谊。

3. 不"拉仇恨"（在游戏中，指吸引怪物的攻击；现实生活中，多指一些易得罪人的话，或遭众人怨恨的行为）

说话做事前，多考虑他人的感受，不太有把握的话，考虑好了再说。当然，任何一个人都不可能时时处处知晓对方的所思所想，冲撞到谁都在所难免。了解情况后，及时道歉，能避免"拉仇恨"。

群群和小伙伴在小花园玩皮球。这次是个特别的玩法，把皮球往对方身上扔。很刺激啊！大家争先恐后地抢皮球，拼尽全力扔到对方身上，看到对方痛苦的样子，哈哈大笑。

群群把皮球扔到辉辉身上时，辉辉却哭了！辉辉噘着嘴，坐到长椅上，不玩了。群群说："真小气，玩不起，早就该闪开！"为此，两人的关系恶化了。后来，群群知道辉辉的奶奶去世了，那段时间，辉辉的心情很不好。群群主动向辉辉道歉，两人的关系终于缓和了！

勿畏难：困难是人生的常态

在北部山区，山的北面的树木要比南面的树木长得粗壮。为什么呢？因为生长在山坡北面的树木，要经历更强烈的西伯利亚寒风和雨雪的冲击。为了不被刮倒，它们必须不断地往更深处扎根，扎根越深，吸收的营养就越多，成长得自然就更加粗壮。

《弟子规》曰：勿畏难。

做事情的时候，不要畏惧困难。

追求进步是一个人的正常愿望。困难是生活的常态，人要与困难相遇，如何对待困难，决定了能否取得进步！

无数事实证明，谁战胜困难的次数多，谁的能力就可能更强，谁的意志就更坚定，谁就拥有更美好的未来。

成龙7岁时进入中国戏剧学院。在那里，他每天5点起床练功，练习脚上功夫、打斗方式、特技动作、拉筋、劈腿、翻跟头等，一直练到半夜。除了练功，成龙每天还要和自己的师兄、师弟一起打扫卫生、洗碗等。

师傅特别严厉，成龙受不了，偷偷跑回了家。父亲勃然大怒，反对他半途而废，坚决叫他回去。成龙只得重新回到戏班，继续每天近19小时的艰苦训练。这为他以后的影视表演打下了坚实的基础。

困难有大有小，越大的困难，克服起来越有难度，但是，带来的成长感悟和成功也可能越大。

董董7岁那年,在放学回家的路上,被一辆工程车轧断了右腿。不久,父母离异,他的家庭也破碎了。董董原本美好的天空顿时坍塌下来……但是,董董一直都没有放弃学习。2004年,董董成为一名残疾运动员,练习坐式排球。经过不断的刻苦训练,董董球技大增,很快成为省坐式排球队的一员。为了在全国残疾人运动会上取得优异成绩,董董练习得很辛苦,屁股都磨出了老茧。但是,他的内心是快乐的。

1. 延迟帮助

当孩子遇到困难的时候,不要轻易帮助孩子,让孩子自己想办法战胜困难。战胜困难的经验多了,心理变得强大,就不会害怕困难。

飞飞学习国际象棋的时候,班里还有好几名同学在学。3年后,唯一在大赛上取得名次的就是飞飞。家长纳闷,刚开始学的时候,飞飞是几个孩子中成绩最差的,他的父母也不是那么上心,为什么这个孩子倒成了成绩最好的呢?飞飞的妈妈说:"学习是孩子的事情,我告诉他,学棋要勤学苦练,掌握规律。他成绩不好闹情绪的时候,我只是提醒他,困难是常态,谁都一样,有的人一往无前,在于面对困难时有积极的态度!如果害怕失败,干脆退出!"

2. 有目标

放弃是一件很容易的事情,放弃意味着自己可以不再负重前行,但是同时也代表着之前的努力全部付诸东流,而成功就会变得遥遥无期。

"伏久者飞必高,开先者谢独早。知此可以免蹭蹬之忧,可以消躁急之念。"只要认准目标一直走下去,就会在未来的某一天展翅飞翔。

有个孩子一直想不通,为什么他的同桌经常能考第一,而自己虽然一直梦想着考第一,但总是做不到呢? 自己每天认真听课、按时完成作业,成绩就是不如别人好。想来想去,他认为可能是因为自己脑子笨。

回家后,他对妈妈说:"妈妈,我怎么就这么笨呢?"望着处于苦恼中的儿子,妈妈为了不伤害儿子的自尊,努力寻找恰当的回答方式。但是,答案似乎不那么容易得出来。

几年下来,儿子的成绩虽然没有赶上同桌,但是一直都在提高。这个时候,母亲隐约觉着答案找到了。

母亲带着孩子来到大海边,他们并肩坐在沙滩上。母亲指着不远处的一群鸟说:"你看那些鸟儿,海浪打过来的时候,小灰雀拍打两三下翅膀,就迅速飞入了天空;而海鸥显得非常笨拙,它们从沙滩飞入天空需要很长的时间。但是,真正能飞越大海,横渡大洋的,还是这些看上去有些笨拙的海鸥。"

儿子的心情轻松了不少,他不再担心自己的名次。后来,他以全校第一名的成绩考入了清华大学。

母亲给出的答案多么经典:当海浪打来的时候,只有看上去有些笨拙的海鸥才能真正飞越大海,横渡大洋。因为它们更有恒心和毅力。一个人只要有目标、恒心和毅力,高飞绝不是痴心妄想。

心向光明，一生正能量

　　成长是一个历经无数次摔倒后再爬起来的过程，试图避免不摔倒的代价是失去一个能站起来的孩子。没有哪个父母能负得起这样的责任。为生命负责，你的孩子才能经得起摔打。

　　《弟子规》曰：勿自暴，勿自弃，圣与贤，可驯致。

　　人一定不要自甘堕落，更不可以自暴自弃。圣人和闲人的境界，都是可以通过自己的努力而逐渐达到的。一直心向光明，就能坚持正义、勇气、乐观、满足、坚韧，满身都是正能量。

　　池田大作在《青春寄语》中这样写道："漫长的人生中，谁都有或大或小的失败和挫折。但似乎可以说，只要不致葬送性命，就绝无从此一蹶不振的失败和挫折……应该认为，失败和挫折是漫长人生路上的考验，不要让它把你的勇气夺走。它或许连着不幸，或许成为新的幸福的契机，这种命运也在你自己的心中。"

1. 看好自己

　　人类的心理具有操纵人类命运的能力。孩子主宰未来命运的能力有多强，未来就有多美好。看好自己，在自我评价过程中有一种积极的态度，就不会轻言失败！面对一个任务，能作出积极的判断，搞得清怎么做，自己行不行，付诸行动后就能坚持下去。我们经常从一些人的身上看到一股强大的"拼劲"和"狠劲"，那就是自信心激发的力量。

　　奥运冠军李小鹏进体校的时候，个子偏高，并不被教练看好。

先天不够优越，后天可以弥补。每次训练，李小鹏都主动讨任务，花时间，出花样。冬训中，他旧伤缠身，新伤不断，右肘关节的伤影响到他在支撑项目上的发展。双脚跟腱的伤，每次训练后都疼痛难忍。但他坚持练习。努力终有回报，李小鹏最终摘得世界冠军的桂冠。

成功行为越多，越能看得起自己。放手让孩子做事，成功了，孩子会产生满足感，就会觉得自己行！

著名心理学专家任庆文的女儿任乐园6岁时，经过学校测验，她的语文和数学能力、独立生活能力远远超过同龄儿童，便直接插班读三年级，次年升入四年级。这个孩子的成绩在班上一直名列前茅，尤其突出的是交际能力和生活能力。不管到哪个城市，只要给她一张地图，叫她到哪里会面，她准能在那里出现。在家里，她会烧简单的饭菜，出门自己搭公交车，生病自己去医院，基本不要大人操心。

任庆文在教育孩子方面一共做了三点尝试。第一，改变孩子生存范围的狭小；第二，改变对孩子一切包办、孩子没机会做事的状况；第三，改变孩子在家长统治下的"小奴隶"地位，培养出民主、独立、敢闯大世界的孩子。

要认识孩子的能力，就要给孩子较多的机会，去经历、去感受，做成的事情多，他们就会觉得自己行。

2. 摔倒后爬起来

马丁·路德·金说，在这个世界上，没有人能够使你倒下。强者与弱者的区分，在于强者战胜挫折的次数更多，更坚强地爬了起来。而弱者,经历几次失败后,便永远地躺下去了。和孩子站在一起,给孩子精神支持。

一名年轻的妈妈带着2岁左右的儿子来到广场前,儿子想攀登眼前的台阶。儿子挣脱妈妈的手,要自己爬上去。他用胖胖的小手攀住台阶向上用力,身上蹭满泥土,妈妈满含爱意地看着孩子。

男孩毕竟还小,当他爬上两个台阶后,动作就迟缓了。他以渴望的眼神看看妈妈,但妈妈没有伸手扶他的意思,只是充满慈爱和鼓励地望着孩子。

男孩扭过身体,抬头望着高高的台阶,接着手脚并用,一级级奋力向上爬,似乎有滚下来的危险。妈妈开始只是耐心地等候,任凭孩子自己努力。终于,孩子爬上了最高一级台阶,妈妈上前,拍拍儿子身上的土,甜甜地亲了儿子一下。

成长是一个历经无数次摔倒后再爬起来的过程,试图避免不摔倒的代价是失去一个能站起来的孩子。没有哪个父母能负得起这样的责任。为生命负责,你的孩子才经得起摔打。

讲究真才实学,不吹嘘

一个人的品质会以他的行为表现出来,一个信口开河、胡吹神侃的人必然爱慕虚荣、腹内草莽。要改变这样人,需要下真功夫,才能使其获得真才实学。

《弟子规》曰：才大者，望自大，人所服，非言大。

一个人若有才学，他的声望自然很高。人们所佩服的是有真才实学的人，而不是自我吹嘘的人。

喜欢把事情说大的人，都有一颗要强的心，又找不到努力的方向。这样的人感觉自己的经济、家庭、能力等方面都不如别人，担心被人小瞧时，就会言过其实。

一个有真才实学的人，即使身无分文、身处低位，也能面对现实，一是一，二是二，不会夸张。他们懂得，努力做自己，就是成功，跟别人比高低，毫无益处。

孩子都有要强的心和求胜的心，父母的关注点决定了他们是务实，还是务虚。孩子的心指向哪里，由他们的价值观决定。价值观的形成有个过程，对真才实学的认可度来自于父母的教育。

1. 不攀比

在日常生活中，谁谁的父亲是高官、谁谁的家里有钱的话题不绝于耳。这误导了孩子的价值观，使得他们看不清什么才是真正让人敬佩的。父母在家里讲这些的时候，最好讲这些人是怎么努力、如何克勤克俭等优秀表现。

家庭条件好，物质生活会比较丰富，引导孩子认识到讲究生活品质很正常，但不可以奢侈、浪费。这样，富裕家庭出来的孩子一样能节俭，不炫富。

一个孩子，爸爸平时骑电动车送他上学。他坐在后座上，双手揽着爸爸的腰，有一句没一句地聊一些话题，非常开心。有一天，爸爸问他："你们班里有几位家长骑电动车的?"儿子张口就说："就您一位！连10万元钱的车都少,大部分是20万以上的车！"

"哦,记得这么详细！你是怎么知道的呢?"爸爸好奇地问。儿子说："班里的同学每天都在说谁家的车好,谁家又换新车了！我早就记住了！还有同学问我,你家就这么穷,买不起一辆车?要不要我们捐点款?"

爸爸笑了,开玩笑道："那就让他们捐点款吧！回头咱也买辆车！"

儿子说："才不要呢！我要好好学习,做个大工程师,将来赚很多钱。到时候,我一定买车！靠父母算什么?"

爸爸问："你真的不觉得骑电动车丢脸吗?"

儿子沉默了一会儿,说："有什么好丢脸的,就是觉得您太辛苦了！要工作,还要骑车接送我!"听了这话,爸爸放心了。

这个孩子能够在好车的包围中平静地坐着电动车上下学,不是看不到差距,而是不在意这些,心中充满了对知识的向往。他追求的是真才实学,物质对他已经失去诱惑力。

2. 求实,不浮躁

父母平时踏实工作,热爱学习,不假、大、空,不追求奢华,把钱用到关键处。父母用自己的实际行动,传递给孩子一种追求生活本真的美丽,孩子也就懂得了真才实学是做人的本分,言行举止自然就很踏实,不浮躁。

孩子正处于人格塑形期,向父母学习的同时,还容易受到外界环境的影响,如小伙伴、同学、影视剧中的人物、接触到的其他人等。当孩子有失本真的时候,父母一定要及时纠正。

一次考试，某个孩子考了80分。别人问："考了多少分啊？"他说："98分！"这是个谎言，被妈妈识破了。妈妈问他："你为什么要多说18分呢？"儿子说："好听啊！有面子啊！说80分，多难为情！"妈妈说："多说18分，更难为情！分数低，好好学习就提高了；多说几分，事实上还是那么多分，骗自己，信以为真的话，就会放弃努力，永远不能进步。"

3. 有选择地看电视

影视剧对孩子的影响不容小觑。孩子在思维还不是很理性的时候，应该尽量少看偶像剧、造星类娱乐节目，可以选择看科学与发现、动物世界、人与自然等类别的节目。

嫉妒会导致看不到别人的努力

小孩难免会有嫉妒心理，同学成绩好、人缘好、家庭条件好等，都可能引发嫉妒心。如何处理决定孩子是否会被嫉妒心伤害！

《弟子规》曰：人所能，勿轻訾。

别人有才能，不要心生嫉妒，更不能说别人的坏话。

嫉妒是一种消极的心理，是对别人在品德、能力等方面胜过自己而产生的一种不满和怨恨，是一种被扭曲了的情感；它对个人、集体和社会起着耗损作用，不利于与人团结、友爱地相处。

《今日说法》栏目报道过这样一个事件。一名高三的学生,趁着两名同学熟睡之际,把硫酸泼到她们脸上,造成其中一名同学二级伤残,严重毁容。这名高三学生嫉妒人家成绩好、人缘好,就做出了这么不理智的行为。

嫉妒心就是这样害人,害己。嫉妒他人,会变得心胸狭窄、悲观消极,不能正视社会现实。

嫉妒心理几乎与生俱来。父母的引导决定了孩子能否以不嫉妒的心态面对别人的成绩,成就自己的优秀。

1. 孩子"气坏"时,我们要接纳孩子的这种情绪

当孩子第一次流露出嫉妒情绪,出现"气坏"的情况时,你是怎么做的呢?

8个月大的乔乔,坐在婴儿车里看风景。洒水车缓缓开过,一路播撒着一朵朵水花,路面变得湿漉漉的。乔乔看到了,兴奋极了,挥舞着小手。乔乔扭头,要跟妈妈分享心中的喜悦,却看到妈妈的怀里抱着另一个宝宝。乔乔愣了几秒钟后,撇嘴,大声地哭了。妈妈不解。另一位妈妈说:"你儿子气坏了! 快去抱抱你儿子!"

这大概是萌自孩子心中最早的失望感觉吧。妈妈抱别的宝宝,自己的宝宝便嫉妒了。如果宝宝稍大一些,他会动手拉下妈妈怀里的宝宝,让妈妈抱自己。宝宝太小,只有哭泣和抗议的份了。

小宝宝对他人拥有而自己不具备或无法拥有的东西,往往会产生一种由羡慕转化为嫉妒的心理。这是受认识水平局限产生的负

面心理,对小宝宝来讲很正常。这个时候,我们要顺应宝宝的心理,满足宝宝的心愿。否则,宝宝心中留下不美好的感觉,反倒容易发展成负面心理。

2. "好嫉妒"可以有

如果宝宝已经长大,就要看看他如何对待别人的优势。欣赏的态度最大气。每个人心底都有一股锐气,别人能做到,我为什么就不能? 向优胜者看齐,暗自发奋努力,超过别人。长大后,"嫉妒"心理正向发展成敬佩、督促的力量,对孩子有一定的激励作用。

3. 不打击孩子的"酸葡萄"心理

小孩有"酸葡萄"心理时,家长看穿了,也不要说风凉话,更不要贬低孩子。盲目地对孩子的"酸葡萄"心理进行批评,会伤及孩子的心灵,导致其形成自卑心理。家长理解孩子无法实现自己的愿望所产生的痛苦情绪,因嫉妒产生的不良情感才能够得到宣泄。

孩子发泄过负面情绪后,可以跟孩子聊聊,以帮助孩子认识到当别人比自己强的时候该有什么样的心态。

尧尧读五年级,很要强。一次,他和妈妈聊天,说:"同桌做题特别快,每次写作业都比我先写完! 我怎样才能更快一些呢?"妈妈问:"你觉得快很好吗?"尧尧说:"那当然,早写完,早休息!"妈妈说:"那么,向同桌请教,他是怎样学习的,请他指出你慢在哪里。"尧尧点头。第二天,他兴奋地告诉妈妈:"他写字快! 以后我也要快写!"

有这样心态的孩子,看到他人的成绩或优点,不会产生嫉妒心理,更不会千方百计地抬高自己,想尽办法贬低和打击对方。而是会向对方学习,努力提高自己的能力。这样,家长就不用担心孩子因嫉妒他人而影响自身成长。

观察孩子的言谈举止,能够找到嫉妒的苗头。

最近,妈妈感觉冰冰有些反常,不再给好朋友宁宁打电话,周末也不去她家玩了。放学后,两人也不再一起走。家人一提宁宁的优点,冰冰就走开。

妈妈多方打听,得知宁宁被选为学习委员了。学习委员可是冰冰努力的目标,宁宁当选了,冰冰有一种鸠占鹊巢的不舒服感。从那以后,她就和宁宁疏远了。

妈妈当然清楚,宁宁的学习成绩要好于冰冰,被选为学习委员当之无愧。她问女儿:"学习委员要选什么样的人呢?"冰冰说:"当然是成绩好的!"妈妈说:"读四年级以后,宁宁的成绩一直拔尖。老师提名,同学选她,实至名归!你不服气的话,就好好努力!"

听了这话,冰冰的眉宇舒展开了!

当孩子能以欣赏、祝贺、学习的心态面对他人的优势时,内心已经强大,更懂得了自己该怎样努力。

第五章　让孩子懂礼，言行举止有气质

礼仪礼貌是做人的规矩，是德育的基本内容。习得礼仪、礼貌的过程，是把规章制度、行为规则、交往方式内化的过程。行为发于心，有了礼仪礼貌，言行举止自然有气质。

行书　山清(书写:陈彦霖)

爱,让人富有魅力

当孩子享受到爱,懂得爱,能够付出爱的时候,他的人格就会高尚,他的言行就会和善,走到哪里,周身都闪耀着爱的光芒。

《弟子规》曰:凡是人,皆须爱,天同覆,地同载。

人与人之间,都应该要相亲相爱,就好像上天无私地覆盖着一切,大地承载培育万物一般。

爱是一个人最美的外衣,闪耀着善良而圣洁的光芒,照耀周遭。爱是最充分的表达,不用多言,就能打动他人。爱最有吸引力,让人目光追随,不忍离开。

"四海之内皆兄弟也。"以如此"爱人"之心与人相处,无论走到哪里,都会沐浴阳光,身心舒畅。友谊间流淌的是爱,因为爱别人,能得到别人的关爱。

爱人是一种能力,这个能力来自于家庭的培养和熏陶。家长需要从孩子小的时候就让孩子感受到他人的爱,懂得回报他人对自己的爱。

铭铭喜欢吃螃蟹,每次都要吃得肚子溜圆。那段时间,螃蟹特别贵,妈妈只买了5只。吃饭的时候,奶奶先递给铭铭一只,他吃完了,爷爷又递过来。就这样,5只全被铭铭吃了。爷爷奶奶很开心,但是妈妈不高兴了。

私下里,妈妈告诉铭铭,爷爷奶奶年纪大了,有好吃的,要先给他们吃。他们把爸爸养大后,又帮着带你,很不容易! 铭铭听了,砸碎储钱罐,拉着妈妈的手,去市场上给爷爷奶奶买了10只又肥又大的螃蟹。他说,这次,让爷爷奶奶多吃。

孩子小的时候是汲取爱的阶段,我们无条件地满足他们爱的需要,给了孩子爱人的心理能量,孩子也习得了爱他人的方法。

父母爱孩子,除了及时满足孩子的物质需要,还要学会向孩子表达爱。孩子小的时候,以微笑的表情面对孩子,多亲吻、拥抱孩子,多陪孩子玩。等孩子长大了,要注意多陪陪孩子,适时地表达爱。

在孩子遇到困难、情绪低落的时候,不要责备孩子,多陪伴孩子,鼓励孩子,孩子会觉得父母理解、支持自己。如果和孩子分别一段时间,回来后要拥抱一下。分别的日子里,多和孩子通电话、聊微信或进行视频聊天,让孩子感受到父母时刻在身边,时刻关注着自己。

最真诚的爱,足够孩子刻骨铭心一辈子。蘸着爱的琼浆把孩子养大,这个过程中定有伟大的爱的瞬间让孩子铭记,丰富自己,成全他人。

有一位已年过半百且非常有成就的人。当人们问他人生中影响最大的事情是什么时,他略微沉吟片刻,说是父亲背他去医院。

6岁那年,他因患重感冒引发肺炎。家在乡下,医疗卫生条件比较落后。赶上数九寒天,爸爸不忍心让村里唯一的女医生冒着严寒来家里出诊。治疗的十几天里,爸爸都是下班后背他到医务室去输液。

迎着刺骨的寒风,踏着没膝的积雪,爸爸背着他艰难而小心地行走在寂寥的马路上。发着低烧的他穿着爸爸的棉衣,趴在爸爸宽大的脊背上。滴水成冰的天气,父子二人一路走着,彼此相贴,感受不到丝毫的寒冷。他说:"那个时候,我甚至有种渴望,渴望自己的病慢点好。那样,我就可以伏在父亲暖暖的背上,享受着那份厚重的幸福。逐渐长大后,无论人生为我准备了什么样的境遇,我都能安然度过,生命的每一天都有父亲的爱载我前行。"

父亲永远是孩子的一部车——装载着无尽的爱与呵护。不会因时光变迁、路途漫长而落后、报废,将承载孩子的一生。当你失意的时候,它载着你豁达地穿行;当你迷途的时候,它为你指正方向;当你遭遇坎坷的时候,它鼓励你勇往直前——它给予你的一切,世上的任何财宝都无法与之比拟。那份无私、奉献和执着,将成为你人生的宝典。

有如此坚定的爱支撑起来的生命将强大、有力量,必定散发出照耀他人的爱的光芒。

我们在爱孩子的过程中,也要引导孩子表达爱。表达爱的方式有很多。把好吃的分给大家吃,遇到高兴的事讲出来一起乐乐,有了喜事邀请亲朋好友共同庆贺,左邻右舍遇到困难伸出援助之手。慢慢地,孩子在施爱的过程中,爱的能力就强大了。

除了要让孩子懂得分享,父母还要从孩子小的时候就教育孩子友善地对待身边的人和事。

同桌病了,桐桐带上奶酪和水果,去同桌的家里探望。姨妈从内蒙古邮寄来的奶酪,桐桐最喜欢吃了,每天只吃一两块,还送给同桌吃,够大方。妈妈见了,说:"我的女儿很有爱心,懂得分享。妈妈很高兴,鼓励一下,奖品是晚上吃糖醋鱼。然后,请姨妈再邮寄一些奶酪过来。"

桐桐想,做了这件有爱心的事情,妈妈就这么高兴,以后我一定

133

多做好事。同桌病好了来上学，两个人一见面就拥抱在一起。两个人的友谊更深了。桐桐想，多关心别人真好，别人也会关心我，心里很温暖！

当孩子乱扔玩具、踢打小动物时，家长就要告诉孩子，弄痛了它们，它们不愿意与你做朋友了。只有对它们好，它们才愿意与你一起玩。为了培养孩子的爱心，家长可以带孩子去亲近小动物，听小鸟唱歌，给小鱼喂食；告诉孩子，花草树木、小动物等都是有生命的，要爱护它们。

从小习礼仪

礼仪修养通过一举一动表现，瞬间传达给对方，让人赏心悦目，心生好感。一个人颜值再高，衣服满是褶子，头发乱蓬蓬，也没人愿意靠近。一个人学问再多，一张嘴就冒不雅的话，也没人喜欢。为什么？因为邋遢、粗鲁的言语背后是一个不懂尊重的灵魂。

《三字经》曰：习礼仪。

教育孩子要学习礼仪规范。礼仪教养，有的家庭做得很好，有的家庭没有重视。孩子长大以后，看表现就知道了。

一位导师带着学生到国家某部委参观。那天，天气很热，全体学生坐在会议室里等待部长的到来。这时，有一位秘书过来给大家倒水,学生们表情木然地看着她忙碌。

当秘书走到一个女孩面前时,这个女孩轻声说:"谢谢,辛苦了!"秘书抬头看了她一眼,满含意外。虽然这是普通的客气话,却是她今天唯一听到的一句感谢话。

门开了,部长急匆匆地走进来,和大家打招呼:"抱歉,让大家久等了。"不知怎么回事,静悄悄的,没有一个人回应。女孩左右看了看,犹犹豫豫地鼓了几下掌,同学们这才稀稀拉拉地跟着拍手。

部长挥了挥手:"欢迎同学们来到这里参观。这些事一般是由办公室负责接待的。我和你们的导师是老同学,这次就亲自给大家讲讲有关情况。我看同学们好像都没有带笔记本,这样吧,王秘书,请你去拿一些我们部里印的纪念手册,送给同学们留作纪念。"

秘书抱来一摞纪念手册,部长依次分发给大家。同学们坐在那里一动不动,甚至连眼皮都不抬一下,很随意地用一只手接过部长双手递过来的纪念手册。部长脸色越来越难看,走到女孩面前时,他已经快没有耐心了,空气中弥漫着一股紧张的气氛。就在这时,女孩礼貌地站起来,身体微倾,双手接过纪念手册,恭敬地说了一句:"谢谢您!"

部长闻听此言,不觉眼前一亮,伸手拍拍女孩的肩膀:"你叫什么名字?"女孩很谦逊地照实作答。部长微微点点头,回到自己的座位上。

两个月后,毕业分配表上,女孩的去向栏里赫然写着该部委实验室。有几名同学不服气,向导师询问情况。导师看了看这几张尚显稚嫩的脸,笑道:"是人家点名来要的。"

礼仪修养通过一举一动表现,瞬间传达给对方,传达了一个人的精神面貌。

《塔木德》中提到："礼貌是一切美德的起源。"

西蒙·史佩拉无论见到谁，都会礼貌地和对方打招呼。可是，他每次跟一名叫米勒的农夫打招呼的时候，对方都无动于衷。西蒙仍然执着地脱帽和米勒打招呼。一个又一个清晨过去了，米勒终于也脱帽高声地和西蒙打招呼了。这样的习惯一直延续到纳粹党上台。

纳粹要把所有的犹太人送往集中营，在一次等待发落的时候，西蒙远远地看到营区的指挥官拿着指挥棒一会儿向左指，一会儿向右指。他知道发派到左边的就会被处死，发派到右边的则还有生还的可能。西蒙不知道等待自己的是什么样的命运。当他的名字被叫到的时候，那个指挥官转过身来，两人的目光相遇了。西蒙轻轻地说："早安，米勒先生。"米勒冷酷无情的表情有所缓和，随着一声"早安，史佩拉先生"，他的指挥棒指向了右边。

礼仪是人类维系社会正常生活最基本的道德规范，社会成员自觉遵守，人类才能够和谐生存。

礼仪是一项最基本的道德规范，人们在长期共同生活和相互交往中逐渐形成，以风俗、习惯和传统等方式固定下来。在古代，人们把礼仪写入书中，并且进行细致的划分，进食之礼、尊贤之礼、侍奉父母之礼、夫妻之礼，等等。正是这些看似繁杂的礼节，使得长幼相亲，朋友相敬，族群和谐，最终沉淀为中华民族的美德。

现代社会，礼仪已经成体系，国家有国旗礼仪、国歌礼仪、国徽礼仪、民族礼仪；公务员有办公礼仪；学生有校园礼仪；教师有教师礼仪；社交中有座次礼仪、电话礼仪、名片礼仪和自助餐礼仪等。

礼仪不是做给人看的，也不是客套。礼仪是一种成功的素质，蕴含着彼此的尊敬。在交往的过程中，可以通过仪表规范、言辞谈吐、行为方式中的礼貌、礼节展示独特的个性、内在的修养和发展潜质，礼仪是一个人修养与内涵的展示。一个懂礼貌、礼节的人，是一个有修养的人。

元朝时，有个文人很有才华。那年，他去京城应试。因为这个人在当地算是个名人，元世祖忽必烈听说后主动召见他。

上朝时，这个人的斗笠戴歪了，自己没有察觉。元世祖问他："你平常所学的都是哪些学问啊？"

"全是治国平天下的道理。"那人自豪地回答。

元世祖早就听说这个人平时不拘小节，今天一见果然如此。于是，指着他的斗笠笑着说："你连自己的斗笠都戴不好，还谈什么治国平天下呢？"

结果，忽必烈没有任用他。

礼仪教育不是一般的礼貌教育，而是一种道德修养。一个人是否懂礼仪，全在于教育。

早晨起来，妈妈对女儿说："早上好！宝贝！"女儿自然地回应："早上好！妈妈！"家里来了客人，大家热情接待，沏茶倒水，拿各种食品。客人带来礼物，主人接过后开心地说"谢谢"。大人们一起交谈，小孩去自己房间玩，不打扰，不吵闹！

去做客，就餐时，宣布宴会开始时再动筷子。吃饭时，不要把盘子里的菜翻来翻去，挑挑拣拣，不要见到自己喜欢吃的，就把自己的小碗堆得满满的。放慢速度，慢慢咀嚼，边吃边听他人的谈话。即使有小伙伴在，也不能大声喧哗。聚会结束时，要向主人及其他人说"谢谢"。

小应答，大礼仪

家长自己要识趣，当孩子沉浸于自己的世界里，玩游戏或者写作业的时候，他最需要独立的空间，不要喊他。有急事的话，可以默默地走进去，轻轻地问孩子。他感受到被尊重，偶尔被父母打扰，也会重视起来，放下自己的事情去应答。

《弟子规》曰：父母呼，应勿缓。

当父母喊你的时候，应该立即回应，不要迟缓。这个基本的礼仪容易被忽视，以至于孩子长大后不重视应答而遭遇挫折。

几个月大的孩子，妈妈喊他乳名时，他会咧开小嘴笑，或者转动脖子看妈妈。这时，孩子就懂得用表情回应父母的呼唤，多么可爱！孩子长大了，对父母的呼叫却充耳不闻，是为什么呢？孩子可能有他的理由。

受到父母的批评，或者提出要求没有得到满足，和父母怄气，装作没听见；生病了，或者遇到伤心的事情，情绪低落，应答较慢；正玩在兴头上，顾不上回应父母；有的孩子摸透了父母的心思，知道自己不答应，父母就会走过来说或者放弃喊他。

不管什么原因,不及时应答他人都是不礼貌的表现。打招呼,是人际交往的开始。不及时应答他人,对方感受不到尊重,心理距离拉远,有话也不说了。及时应答,对方感受到尊重,让交往有了一个美好的开端。

　　小孩子被人喊的时候,可能不懂得应答,我们应告诉他,妈妈喊你,你要应答。怎么应答?"妈妈,我在这儿呢!"这是基本的礼仪礼貌,这么教,孩子就懂得了应答。当孩子逐渐长大,应答的场景变得复杂,父母还需要事先讲一讲。

　　当父母或家里的其他长辈喊的时候,要放下手上的事情,迅速走过去,站到对方面前,声音洪亮地问:"您找我有什么事?"如果距离较远,可以一边答应"来了",一边走到对方身边。如果实在忙,脱不开身,可以直接问对方:"我在忙呢。您有什么事?"对方着急的话,就会走过来说。

　　如果你的孩子几岁了,还不能及时应答别人,就要多费些心思来教一教了。

　　先从家里开始改变。当你呼喊孩子而他不应答时,不要再走过去跟他说,更不要大喊大叫,逼迫他过来。不动声色,让他承担后果,孩子容易长记性。

　　吃晚饭了,妈妈喊了牛牛两次,他都没动,只是声音小小地应答了一次。他以为,多玩一会儿,等大家吃得差不多了,自己再去吃,也能吃饱。爷爷奶奶疼他,会给他留爱吃的食物。可惜,他想对了一半。爷爷奶奶给他留了,但被妈妈分掉了。妈妈理由正当,不能中他的心思,惯他毛病。爷爷奶奶心里不舒服,但没有理由指责,吃完饭,都回房间了。

牛牛玩好后，兴冲冲地赶到饭桌前，勉强从一桌子空了的盘子中找到一个有菜的，是素炒小油菜。当即，他扔掉筷子。不是不吃，是生气！妈妈不理他，收拾餐桌。牛牛跟到厨房，说："我要吃红烧肉！"妈妈说："吃完了！喊不动你，大家都吃了！"儿子说："再烧一盘吧！"妈妈说："我累了，不烧！去吃油菜吧！记住，下次喊你吃饭，再不应答，连油菜都没有了！"妈妈表情严肃，牛牛悻悻地去吃饭了！

　　得与失，孩子掂量得好着呢！品尝几次不应答的后果后，孩子就会明白，不应答会给自己带来损失。挨过饿的孩子，以后不管玩得多嗨，都会留个心眼，随时关注家人做饭的进度，竖起耳朵听家人喊他吃饭的声音。

　　一般情况下，你及时应答孩子，孩子就懂得及时应答你和他人。凡是被妈妈及时应答的孩子，内心都会很温暖，也会把这份温暖传递给别人。在家里，父母基本不会忙到顾不上说话，更不会忘记孩子的存在。

　　当父母忙的时候，会觉得孩子很烦。有一点要搞清楚，觉得孩子烦，其实是自己烦。因为觉得烦装作听不见的话，会把这种行为传递给孩子。有一天，你打扰他了，他也会装作听不见。孩子的内心敏感而细腻，你冷淡的表现会伤害他的心灵，使其变得不愿意说话、不敢说话！实在忙的时候，柔声对孩子说："妈妈正忙呢，走不开！你等一会儿可以吗？实在着急的话，过来跟妈妈说吧！"这时，孩子会过来跟妈妈说。

　　如果你的孩子应答不及时，要想改变孩子的这种行为，抓住"第一次"效果最好。当孩子初次出现应答不及时的行为时，告诉他："妈妈喊你，你不应答是不对的。这样，妈妈会生气！""当大人喊你的时候,要及时应答!""你不应答妈妈,是在伤害妈妈的感情!"孩子懂得了应答的重要性,自然不会怠慢!

家长自己要识趣。当孩子沉浸于自己的世界里,玩游戏或者写作业的时候,他最需要独立的空间,不要去打扰。他感受到被尊重,偶尔被父母打扰,也能包容,放下自己的事情去应答。

性格内向或者比较腼腆的孩子,在与人交往的时候,大脑容易"短路",组织语言的速度比较慢,不要急着催促,等一等,孩子或许就开口了。

长辈面前,谨言慎行不张扬

从小尊重长辈,不介意他们的人生成败,虚心学习他们身上的优秀品质,以晚辈的姿态面对他们。长大后,仍然能够接受他们的教诲。

> 《弟子规》曰:或饮食,或坐走,长者先,幼者后。长者立,幼勿坐;长者坐,命乃坐。称尊长,勿呼名;对尊长,勿见能。尊长前,声要低,低不闻,却非宜。

尊师敬长古来有之,讲究也很多。在吃饭、坐下、走路的时候,要让长者在前面,年幼的跟随其后。长辈站着,年轻的人就不能坐下,长辈坐下之后,让你坐你才能坐。称呼长者的时候,不可以直呼其名。在长辈面前要表现得谦虚、恭敬,不要过于表现自己的才能。在长辈面前说话,声音要低些,不过也不能过低,太低而听不清楚也不行。

当下的家庭成员比较简单，长辈对晚辈的要求也降低了，但是，长辈面前，礼貌不能缺。

家里有老人，吃饭的时候，让宝宝喊老人吃饭。一次两次，几次后，孩子就懂得了，吃饭先喊长辈。之后，即使你不说，宝宝也能主动去喊老人吃饭。如果妈妈赞美几句："我的宝贝可孝顺了，饭做好了，先招呼奶奶吃饭。奶奶不坐到饭桌前，宝贝不先吃。"这样，孩子就懂得了晚辈不能先吃的道理。

小孩子不能给尊重、孝顺下定义，他们用行动思考，说一万遍尊重师长、孝敬父母，不如让孩子见到看门大爷打一次招呼；出门前跟家人说一句"再见"；控制自己的情绪，不跟长辈发脾气。

尊重长辈一个很重要的表现，就是虚心接受长辈的合理建议，以晚辈的姿态面对他们。长大后，仍然能够接受他们的教诲。

有一个男孩，小的时候，就懂得尊重长辈。大学毕业参加工作，成了一名法官。有一次，他主管一个大案，犯罪嫌疑人家里有钱有势。他们找到这名法官，愿意花大价钱为犯罪嫌疑人降低罪责。这件事是可以打擦边球的。大学毕业不久的他要买房买车，很需要钱，内心在犹豫。

他把自己的想法说给父母听。父母说，咱是执法者，怎么能纵容犯罪呢？天理不容！父母的话如定海神针般稳定了男孩的情绪。男孩很惭愧，但他守住了内心的天平。不久以后，多名法官因收受贿赂被处罚，他则因为严肃执法被升职。

孝敬长辈体现在生活中的点点滴滴。多倾听,不要认为长辈的想法已经落伍,长辈的教诲是生活经验的总结,耐心倾听总有收获。

1. 在长辈面前少说话

天下的长辈都爱护晚辈,长辈阅历和资历很丰富,喜欢叮嘱几句。这个时候,耐心听,谨记在心,不要不在乎,更不要在长辈面前夸夸其谈。多和长辈接触,耐心倾听,总会有收获,指不定哪一句话,就可以解除你的烦恼,使得你的人生少走许多弯路。

2. 永远不要低估长辈

一些取得一定成绩或者心存大志的晚辈,在一生默默无闻的长辈面前可能会有些张扬;特别是知道长辈一生并没有什么突出业绩的时候,容易心生反感,会反驳或者怠慢对方。这么做极其不礼貌。

不管这样的长辈的一生怎么度过,在他面前,你都是晚辈。长辈身上的不足,是值得晚辈警惕的;长辈身上的优点,是值得晚辈学习的。

3. 不要在长辈面前炫耀成绩

在长辈面前大谈自己的成绩,显得很浮躁。特别是人多的时候。谦逊一些,才是晚辈该有的姿态。要知道,你的那些成就早就被爱你的长辈作为荣耀宣传出去了,大家都知道。如果长辈问起你的学习情况,如实回答就好了。如果他们要指点几句,你耐心倾听,会让他们觉得很有面子。

如果某位长辈是某方面的专家,或者很专注你的某方面发展,应定期向这位长辈汇报你的学习情况,讨教相关问题,他会非常乐意回答。见面的时间,要选择长辈空闲的时间。

143

4. 多关心长辈

长辈对晚辈最大的需求，就是希望见到晚辈，共享天伦之乐。有时间就去长辈那里坐坐，聊聊天，会带给他们很大的慰藉。上了年纪的长辈需要照顾，细心地给他们沏壶茶、收拾房间、打扫卫生、陪着出去散散步等，会让他们心情大好。

尊重孩子的隐私是大事

孩子懂得哪些是只属于自己的东西，自己的东西该怎样保护，被别人侵犯的时候该怎么做。这决定着孩子能否成为一个尊重别人隐私的人。

> 《弟子规》曰：人有短，切莫揭；人有私，切莫说。

发现了别人的短处，千万别揭发出来；发现了别人的隐私，也绝对不要说破。

隐私意识是权利意识的前提，尊重隐私更是维护人的权利的根本。有了隐私权，才可能产生人的个人权利。不懂得尊重隐私权，就可能随意践踏别人的权利。要想孩子尊重别人的隐私权，父母先要尊重孩子的隐私权。

教育专家小巫，在《给孩子自由》一书中大声疾呼："杜绝穿开裆裤！穿开裆裤是一种鄙陋的习俗，我对开裆裤深恶痛绝，它不卫生、不雅观、不礼貌、不尊重孩子、不尊重他人、没有公共道德。"

不管开裆裤给养育孩子带来多大的便利,节约了多少钱财,父母都要想到"孩子人小心不小",他能看到大人的裤子和自己的裤子不同,会有心理活动。从身体开始,保护与培养孩子的隐私意识和羞耻心。

当孩子一天天长大,他会有一些排斥父母的做法。比如,不吃妈妈喂的饭,不愿意在父母面前换衣服,不愿意和父母同睡一张床,不愿意父母翻看自己的书包,不能没经允许就进入他的房间,等等。这些都是不同成长阶段的孩子长大的表现,他们要独立,要拥有私人空间,父母只有配合。

现实中,有些人动不动就逗孩子:"你的'小鸡鸡'呢?""你妈妈不要你了!"在孩子还不懂开玩笑的时候,对孩子说这些话,孩子会感觉云里雾里,有被蒙骗的感觉。这种感觉很糟糕。这会导致孩子对他人隐私的好奇、窥探!

尊重隐私权、维护隐私,从尊重自己的隐私开始。孩子要知道哪些是只属于自己的东西,自己的东西该怎样保护,被别人侵犯的时候该怎么做。

对于妈妈来讲,教会孩子懂得隐私,需要注重生活小细节。

在公共场合的更衣室,家长穿衣服前,尽早披上浴巾,不要在孩子面前赤身裸体地走来走去。去男浴室、男卫生间里,父亲不要带着小女儿;去女浴室、女卫生间时,母亲不要拽着儿子。

晾晒衣服的时候,不要把内衣内裤堂而皇之地张挂在外面;不要身穿睡衣走出家门;父母不要当着孩子的面换衣服;不要孩子十几岁了,父母还给洗澡。

家长不要过问别人的隐私问题,不要问这个人为什么都40多

145

岁了还不找对象,那个人为什么结婚好几年还不要孩子,不要议论人家收入那么低怎么生活。

大人具备隐私意识,尊重、保护别人的隐私,孩子才会从小的时候起就树立隐私意识。

有家报社公众调查中心曾推出"如何对待孩子隐私"的调查。在50名受访者中,45名家长表示不会侵犯孩子的隐私权,48名家长经常通过谈心的方式了解孩子。

当被问及"你是否会偷看孩子的信件、日记、电子邮件、网上聊天记录、手机短信"时,90%的家长表示"不会",选择"会"的只有10%。孩子不宜公开的秘密,其实是一种独立意识和自尊意识的体现。这种自尊意识的增强,是少男少女走向社会的前奏曲,与处于青春发育期的孩子的身心健康关系重大。

应如何正确对待子女的隐私呢? 调查结果显示,96%的家长选择"不会翻看孩子的日记,但会经常和他谈心""我会把孩子当作朋友,在充分尊重孩子人格与隐私的基础上,平等对话,交流情感,让孩子主动敞开心扉,把内心的秘密告诉我"。

某中学八年级女生阿玉有写日记的习惯,她喜欢将自己的所想所感记在日记里。比如,对哪个男生有好感了,对某位老师有意见了,等等。有一天,她的日记本没放好,从抽屉里掉了出来,刚好被几个喜欢搞恶作剧的男生捡到,日记被传播开了。

秘密被公开了,而且里面还有一些"青涩"的内容。阿玉觉得自己很难再面对同学,一气之下,躲在厕所里割腕自杀。幸亏被同学及时发现,悲剧才得以避免。

尊重的前提是自信,不尊重的结果是失去孩子的信任。

有一位妈妈担心自己的孩子会学坏,对孩子看得很紧。只要是孩子的电话,她都会竖起耳朵一字不漏地听完。孩子的日记本也不放过,微博、微信更是每天光顾几次。孩子一怒之下不再写日记,关了微博,封了微信。既然妈妈不信任自己,自己还有什么可以沟通的呢?每当妈妈跟孩子了解情况的时候,孩子都三缄其口,一句话都不愿意跟妈妈说。

教孩子尊重他人,除了正面引导,还要及时制止孩子的不尊重行为。

爷爷想喝茶,孙子非要爷爷领着出去玩。不去,就又哭又闹。妈妈看到,严肃地告诉孩子,爷爷渴了,需要喝水。要想出去,得等爷爷喝完水。这样,孩子就逐渐懂得,每个人都要尊重他人的需要。

会说话,有分寸,有口德

即使你的孩子将来不做外交家,也需要与人交往。交往效果如何,影响生活的品质。

> 《弟子规》曰:话说多,不如少,惟其是,勿佞巧。刻薄语,秽污词,市井气,切戒之。见未真,勿轻言,知未的,勿轻传。彼说长,此说短,不关己,莫闲管。

说话多，不如少说，言多必失，说的话只要做到恰当无误就好了，千万不要花言巧语。尖酸刻薄的言辞和下流的话，千万不要说，粗俗的市侩习气，必须彻底戒掉。对自己没有看清楚的事情，不可以随便乱说，对于自己没有明确了解的事情，不要轻易散布出去。别人说东家长，说西家短，假如说的这些事情与自己无关，就别多管闲事。

刘勰在《文心雕龙》中写道："一人之辩，重于九鼎之宝；三寸之舌，强于百万之师。"封建时代，皇帝身边的人，说得好，能够加官晋爵；说得不好，要担心项上人头。语言是个人思想的表达，力量很强大。蔺相如、杨修是我们最熟悉的例证，一个靠说话成为国家功臣，一个因说话丢了项上人头。在人生的舞台上，即使做一介平民，说话也很重要，说得好，万事顺，说得不好，可能惹来祸端。

两个男孩在小区外的广场上踢球，高个子男孩飞起一脚，球向着矮个子男孩冲过去。矮个子男孩躲闪不及，被球打在了脸上。矮个子男孩感到一阵剧痛，紧接着，鼻血流出来了。矮个子男孩捂住鼻子，大吼："你怎么不长眼睛呢？"高个男孩也大吼："你的鼻子容易流血，你怎么就不知道躲开呢？"两人你一言我一语，眼看要打起来了。这时，走过来一个小伙伴，说："玩得好好的，受点伤，就吵成这样，瞧你俩这点出息！"两人不好意思地相视一笑，捡起球，找地方清洗鼻血去了。

俄国讽刺小说家克雷洛夫说："语言就像一把剃刀，最锋利的剃刀会帮你把脸刮得最干净。不过，你必须做到灵活地运用这把剃刀。"即使你的孩子将来不做外交家，也会与人交往。交往效果如何，说话很重要。

俗话说"言多必失"。话说多了,难免会考虑不周到,伤害他人,出现意想不到的负面影响。从孩子牙牙学语开始,我们就该引导孩子掌握说话的分寸。说话前,考虑一下,这句话说出去,对方能接受吗?如果是不熟悉的人,就应该"逢人只说三分话"!小孩子要做到这一点不容易,父母应多监督孩子。如果孩子口无遮拦,应悄悄地提示一下:"这么说揭短了,对方会没面子!"

即使是最好的朋友,伤自尊的话也不要说。比如,面对身材较胖的人,说对方没有脖子、腿粗得像大象;有人反应较慢,说人家木头脑袋;有人不爱说话,说对方自大,懒得理人……个人隐私、癖好,或残疾人士的生理缺陷等,都不要谈。这些话即便是实话,即使是最要好的朋友,即使只是开玩笑,也容易伤对方的心,丢了友谊不值得!

如何教孩子掌握说话的分寸呢?

1. 多思考,管住嘴

所谓管住嘴,就是自己没有看清楚的事情,不可以随便乱说;自己没有明确了解的事情,不要轻易散布出去;自己没有把握是否会伤人的事情,不要轻易跟别人说。不要把自己的信息透露给陌生人。如果听到别人说什么,不加思考就传播开来,可能侵犯别人的隐私权或者散布了错误的信息,严重伤害当事人。如此于己无益的事情,一定要告诉孩子不要做。

鹏鹏是一名小学三年级的学生。一天早晨,他在小区里玩。有人问他:"小区里居住的老人多吗?你奶奶在家吗?能否告诉我,你邻居家的老人在家吗?"鹏鹏看了看对方,并不熟悉,不知道是什么人,就没有回答。后来,小区里发生了几起老人非理性购买保健品事件，出售人就是那天跟鹏鹏问路的人。奶奶开心地说："幸亏我的孙子没有'出卖'我，要不我也得破财！"

2. 尊重他人

目中无人的孩子眼里只有自己，不分场合地表达自己的情绪，不管别人心里什么滋味。他们说话不注意场合，不会体察别人的心思，更照顾不到别人的感情。没心没肺的孩子记不住别人的事情，更不会在说话前察言观色，思考一下自己接下来要说的事情是否适合这个场合。

如果你的孩子属于其中的一类，那么，告诉他，说话前想一想要说的话，是真话吗？对他人是好事还是坏事？能给听的人带来好处吗？大家愿意听吗？

如果孩子的话说出去了，伤了人，那么事后让孩子对照以上的问题思考一下。孩子认识到这么说的不足，以后就不这么说话了。

3. 不知道说什么，就倾听

懂得倾听是好朋友的重要素质。古人有云："听人言毋须评审，亦勿恍惚而思别事。"倾听的时候，以安静、理智且流露同情的态度，让对方感到你也正在为他的事情烦恼，感觉你对他的关心和重视，无形之中就会让彼此的感情愈来愈深厚。

有时候，小孩子过度热心到逞能，朋友有烦恼，会不停地想办法、出主意。每逢这时，妈妈提醒一下孩子，当朋友伤心的时候，只需要安静地陪伴、专心倾听，这样更利于对方平复心情。问得太多，反倒会令对方更难过。替对方出气、报仇，就显得幼稚了。

你嘴上的蜜,让孩子"口吐莲花"

养育孩子,首先要给他好的感觉,有了好的感觉,才会有好的行为。跟孩子说话前,先给自己的嘴巴抹上蜜,这样,才能放下斥责和吼叫,把话说到孩子心里去!

《弟子规》曰:凡道字,重且舒,勿急疾,勿模糊。

说话的时候,声音要重而且流畅。说话时不要讲得太快,也不可以讲得含糊不清。

孩子的语言表达能力是天生的,语言表达水平却需要后天逐步提升。

两个家庭的两个宝宝,均2岁左右,大小差一两个月。

硕宝比耀宝大。硕宝的妈妈工作忙碌,硕宝平时由奶奶照顾。硕宝的奶奶性格内向,不怎么跟孩子说话,跟硕宝的妈妈相处得也不够融洽,一家人很少一起聊天。现在,硕宝连奶奶都不会叫,有什么需要就哭、喊、打。

耀宝完全由妈妈带着。耀宝出生以后,只要醒着,妈妈就给他读儿歌、讲故事、说成语,只要耀宝不烦,妈妈就耐心地讲。《两只老虎》《妈妈我要亲亲你》《小兔子乖乖》《我想长大》等故事讲了无数遍。

实在没什么儿歌或故事了,妈妈会跟耀宝叙述日常生活的细节。今天,宝宝吃了半碗水蒸蛋,还吃了一块苹果,一点都没浪费,吃饱了,营养全了!

穿衣服,妈妈会问:"这两条裤子,你要穿哪一条呢?"宝宝不会指的时候,妈妈就说,今天穿蓝色的,很漂亮! 宝宝会用手指了,选择一条,妈妈就说,那就穿这条吧!

现在,耀宝特别懂事,不任性,能商量,会表达! 有什么需要,连比画带说,吐字清楚。有时候,妈妈都被感动了!

语言是人类高度结构化的声音组合,或通过书写符号、手势等构成的一种符号系统,同时是运用这个符号系统来交流思想的一种行为,是一种社会现象。孩子最初的语言学习,就是从语言环境中习得声音组合。

宝宝先天发育正常,又有良好的语言成长环境,大概七八个月大时就开始说话了,会叫爸爸妈妈。这个时候,宝宝的词汇量还比较少,比较广义。到了2岁,语言能力提升,能说两个字,甚至能五六个字一起说。这个年纪的宝宝对词义细分得很清楚,喜欢把脑子里的印象跟更具体的概念对号入座。3岁时,说得较多的是叠音字,能说好多句子。

心理学家认为,声音决定了一个人38%的第一印象。与人通话,这个人的音质、音调、语速的变化和表达能力决定这个人说话可信度的85%。

《窈窕淑女》这部电影,讲的是一个卖花的乡村女孩被培养成优雅贵妇人的故事。卖花女伊莉莎·杜利特尔,每天到街头叫卖鲜花,赚点钱补贴家用。一天,伊莉莎粗俗的声音引起了语言学家希金斯教授的注意。教授当时就夸口,只要经过他的训练,卖花女也可以成为贵妇人。

训练从什么开始呢? 从语言开始,先改掉她的地方俗语和口音。对此，伊莉莎在留声机上一遍又一遍地训练语音和语调。之后，才是着装、仪态、社交礼仪的训练。半年后，伊莉莎·杜利特尔成了上流社会仪态万方的贵妇人。

小孩子学说话，最先模仿的就是身边人，爸爸妈妈、爷爷奶奶等。

父母要说普通话。为了孩子能有很好的语言表达能力，讲方言的妈妈要改口讲普通话。普通话在大众传媒、正式的会议及社交场合普遍使用，有很强的语言魅力和信赖度。普通话能够促进人们文明交往，增进和谐交流。

妈妈平时说话，应吐字清楚，不累赘。"言不在多，达意则灵。"讲话简练而有力，能使人不减兴味；冗词赘语，不得要领，必令人生厌。即使很小的孩子，妈妈跟他说话，也要力求简单、明了。生动形象、言简意赅地表达自己的观点和看法很重要，切忌啰唆。

跟孩子说话，妈妈还要注意语气。轻松、亲切的语言，能让孩子感受到爱的温度，愿意听话。即使被淘气的孩子搅得很烦躁，妈妈也要保持信任的、尊重的、商量的、赞赏的、鼓励的语气。

孩子很淘气，妈妈火气上来，语气随之变得暴躁、严厉。如果自己意识不到，继续下去，孩子就学会了这样的表达方式。聪明的妈妈应立马打住，离开现场，冷静过后，换一种温柔的方式回来沟通："儿子，你今天玩得很开心，妈妈也很高兴。不过，收拾房间这件事，对妈妈来讲可不轻松。你来帮我好吗？"妈妈温柔似水的声音很能打动孩子的心。孩子将功补过，干起家务活来绝不含糊。

举手投足端庄,有范儿

形象和内在相互影响,外在有气质,形象自然、大方,内在丰盈,有内涵,才会有精神。

《弟子规》曰:冠必正,纽必结,袜与履,俱紧切。步从容,立端正,揖深圆,拜恭敬。勿践阈,勿跛倚,勿箕踞,勿摇髀。

戴帽子要端正,穿衣服纽扣要扣好,鞋袜要系紧。走路时必须不紧不慢、从容大方,站立时做到端庄、直立,作揖行礼时要把身子弓下来,叩头时要表现得恭恭敬敬。站立的时候,不要把脚踩在门槛上,不要身子歪曲斜倚;坐着的时候不要把两腿叉开,不要摇晃大腿。

举手投足端庄得体,气质自然就好。端庄不是一天练成的,而是靠平时一点一点地积累,坚持下去,习惯成自然。形象和内在相互影响,外在有气质,内在丰盈,有内涵。

"不修边幅"不仅是外在形象邋遢,还有精神世界的不振作。身处职场,这样的人怎么会不被英明的老板诟病?根据某形象设计公司对300名金融公司决策人调查的数据,成功的形象塑造是获得高职位的关键。另一项调查显示,个人形象直接影响到收入水平。那些外在形象更有魅力的人,通常收入比一般的同事要高14%。

有一名记者,他平时不怎么"修边幅"。因为这个原因,他被许多人看扁过。但是,这名记者依然倔强地认为,只要自己肚子里有墨水、笔杆子硬,外在形象并不重要。他想,自己穿着地摊买来的背心,照样去采访当事人,然后写出了轰动全市的报道。那些衣着考究的人,写出过几篇有价值的报道呢?

一次采访改变了这名记者的看法。采访对象是当地一位知名的企业家。一见面,他就被对方翩翩的风度、儒雅的谈吐吸引住了。更令人佩服的是,对方先进的经营理念已经处于世界的前沿。

一个人追求时尚的步伐与时代同步,他的各种理念才不会落伍。如果一个人的衣着、发型、举止跟不上时尚的步伐,那么,思想也难以跟着时代前进。用过去的思维指导今天的行动,迟早会因不合时宜而被落下。

《论语》曰:"君子正其衣冠,尊其瞻视,俨然人望而谓之。"现代意义的形象包括外貌、服饰、职业气质及言谈举止等。人们通过这些,可以看出一个人的品德修养。一个好的形象主要看自身的发型、服饰、气质、言谈举止与职业、场合、地位以及性格是否相吻合。孩子也不例外。

孩子的一些行为,会受到身边人的影响,妈妈举止端庄,有型,有范儿,孩子也会仪表堂堂,不猥琐。

有一位妈妈,40多岁了,身材依然纤细如少女,穿衣服很有型。有人羡慕她能管得住嘴,保持了身材。她说:"其实我吃得比别人并不少,只是在站着的时候,会注意抬头、挺胸、收腹。不管在哪种场合,站着的时候,都要保持这种姿态,形成了习惯。现在,想改变都难了。"

学习这位妈妈,对自己要求严格一些。坐下的时候,上身要正,臀部只坐椅子的三分之一。腿可以并拢,向左或向右侧放,也可以一条腿搭在另一条腿上,两腿自然下垂。切忌两腿叉开,脚也不能踩到椅子上。

走路的时候，抬头、挺胸、收腹，不要总是低头看自己的脚尖。臀部的扭动幅度不可过大，更不要摇摆身体，两手垂直，轻轻地前后摇摆，不走军姿，也不走正步，自然，轻松。两眼看路，目不斜视，稳稳当当，不快不慢。

穿衣服要与场合适当。去参加宴会或者做客，把自己拾掇干净、整洁，化一些淡妆。白天少穿睡衣。当家里有客人来时，换成较正式的服饰，以示对客人的尊重。

在小区里，经常可以看到一些妈妈，穿着睡衣，抬头、挺胸，很自得地推着婴儿车在小区里走来走去，或者去超市买东西。这让人感觉很不舒服。

156　　有人认为，只有高档服装才能穿出风范。其实不是这样的。符合身份的衣服就能穿出自己的风采，否则，会有穿错衣服的感觉。根据经济状况、身份、要去的场合选择衣服，即穿着、打扮要优先考虑时间、地点和目的三大要素。如果是去见重要的客人，一定要考虑到对方的身份、喜好。投客人所好是对客人的尊重。

多么高档、新潮的服装，如果脏兮兮、皱巴巴，也是很丑的。做一个勤快的妈妈，每天把孩子的衣服洗干净、叠整齐。孩子穿惯了整洁的服装，就会形成爱干净的好习惯！

顾及他人，世界不属于某个人

父母太过溺爱孩子，必然导致孩子不体谅父母，以自我为中心，目中无人。要"星星"不给"月亮"，哪怕上天入地也要满足孩子的要求。这样的孩子不会觉得自己的要求过分，相比其他孩子，会更加挥霍、浪费，不懂珍惜。

《弟子规》曰：缓揭帘，勿有声，宽转弯，勿触棱。执虚器，如执盈，入虚室，如有人。

在进门的时候，要轻缓地揭开门帘，别弄出声响。走路拐弯时，角度要大些，不要碰到棱角。虽然手里拿着空的器具，也要像拿装满了东西的器具一样谨慎；走进空无一人的屋子，要像屋内有人一样。

一举手、一投足，都不要妨碍别人。做好自己的行为，不累及他人，是基本的礼貌。

可以想象，一个推开玻璃门，自己进去，"砰"就把门把手松开的人，心里会想着别人？也可以想象，一个自己吃冰淇淋吃得津津有味却无视妈妈热得口干舌燥的孩子，他能体谅父母的辛劳？还可以想象，一个看着同桌没有橡皮擦急得出汗也不借的孩子，能和同学搞好关系吗？一个只顾自己享受的孩子，能顾及他人的感受吗？

父母太过溺爱孩子，必然导致孩子不懂事，以自我为中心，目中无人。孩子要"星星"不给"月亮"，哪怕上天入地也要满足孩子的要求，却换不来孩子的体谅。

孩子不礼貌，说脏话，父母不管；孩子对长辈不敬，父母不放在心上，用一句"小孩子不懂事，别一般见识"给孩子找了个台阶，就过去了；孩子提出无理要求，父母不同意，孩子一哭一闹，父母就妥协了。这样的教育行为在塑造孩子内心世界的时候,给孩子建立起了只要自己满意就行的认识。

以自我为中心的孩子,在家不照顾父母的感受,在外边更不顾及他人的感受,视规则如草芥。起初,是不想,长大后,是无力顾及他人。

有个孩子,特别喜欢上网,几乎每天都要去网吧。后来,他不想去网吧了,要在家里玩游戏,他要求父母给他买一台电脑。父母说:"家里没有多余的钱,等等吧!"儿子不干,发脾气,一定要买。否则,就不回家了。父母没办法,借钱给儿子买了台电脑,联上了网。后果可想而知,这个孩子除了上网玩游戏,什么都不想做,荒废了学业。

要想孩子顾及别人的感受,最重要的是小时候不溺爱,适度地爱孩子,温暖孩子的内心。

要孩子顾及他人的感受,父母先要顾及孩子的感受。3岁前的孩子,不要延迟满足他的需要,渴了给水喝,饿了及时喂吃的,不开心了哄一哄。孩子的内心没有这种几乎决定性格发展的幼儿缺失感,有利于培养正向品质。相反,一个在家里没有获得及时满足的孩子,他对这个世界的态度会很冷漠,会不顾及他人的感受。

一群孩子一起玩,一个孩子拿了水果刀出来,很淘气,用水果刀不停地扎柳叶,完全不顾周围的小朋友还在那里做游戏。有的小朋友跟他说别这样,很危险的。他扎得更来劲,叶子不断地掉下来。

一个刚会走路的小宝宝颠颠地去抓柳叶,刀子划过,落在了小孩的肩膀上,小孩大哭,大人大叫,和谐的局面变得混乱。

在人多的地方玩刀子会伤人，当孩子预料不到这一点或者只顾自己玩得开心，妈妈可以严肃地告诉他，这样做很危险，伤到别的小朋友的话，对方会很疼。果断拿走刀子是最有效的办法。

孩子一天天长大，与社会接触的范围变得更广阔，随时都会有与大人的关联，锱铢必较时，需及时引导。

有个小女孩跟妈妈去商场买东西。商场里人多，一位老奶奶不小心踩了她的脚。当时，她就跳起来，嚷道："看着点呀！踩到我了呀！"孩子顺手推了老奶奶一下。虽然孩子小，没有多少力气，老奶奶还是被推了个趔趄。

妈妈拉过小女孩，告诉她老奶奶不是故意的，人多的地方被踩一下很正常，世界不属于某一个人。妈妈让小女孩给老奶奶道歉。小女孩噘着嘴，不服气。妈妈推了她一下。小女孩嘟嚷了一句："奶奶，对不起！""宝贝！没关系，没关系！"老奶奶拍拍女孩的小手，开心地离开了。

公共场所不比家里，互相磕碰是常有的事情。管好自己行为的尺度，不影响他人的存在，小摩擦，一笑而过，这样的态度有利于孩子融入社会。当孩子感觉被打扰、被侵犯的时候，只要不是被恶意伤害，就对孩子说，世界不属于某个人，提醒孩子要包容他人。这样，及早培养孩子包容他人的品质，有利于孩子融入社会。

日常的一些顾及他人的小细节，在大人眼里不算什么，顺手就做到了。对于孩子，要细心教导，他们才能做到暖心。在商场，过旋转门，告诉孩子，等后面的人扶住了，再松手，这样就不会碰到他人。大家都这么做，就没有人被碰到，谁都不会疼。在游乐场玩游戏,安安静静地排队等候,不喧哗,不吵闹,大家都能享受到娱乐的快乐。有要好的小朋友看上了你的玩具,大方地给他玩,下次,他有好玩的玩具,也会给你玩。

第六章　学习上，和孩子伴行：启发、鼓励

父母都想孩子从小爱学习，将来学业有成。如何做到这一点呢？从孩子上学那天起，就站到孩子那边，接纳他的不懂、不会、小厌学，为他加油、鼓劲，有助于孩子克服学习上的小困难，养成好习惯。

草书　贾岛《寻隐者不遇》(书写:陈彦霖)

相信孩子是学习的料

人与人有智商方面的差别，但是，即使不聪明的孩子，只要方法对，肯努力，也能学好！我们有什么理由说孩子不是学习的料呢？

> 《三字经》曰：唐刘晏，方七岁，举神童，作正字。彼虽幼，身以仕。尔幼学，勉而致。有为者，亦若是。
>
> 《三字经》曰：彼颖悟，人称奇，尔幼学，当效之。

唐朝的刘晏，7岁时就饱读诗书，通过童子科的考试，做了翰林院的正字官，负责校对典籍、刊正文字等工作。他虽然年纪小，却已经任职做官。你们从小就在学习，只要勤勉努力，也能做到。

刘晏的学问可不是盖的。传说，有一次，唐玄宗问他："卿为正字，正得几字？"刘晏答道："臣凡《四书》《五经》都能正，唯'朋'字正不得。"唐玄宗经查证才知道，当时朝廷里很多人朋比为奸，故刘晏说无法正"朋"字。

祖莹好学，12岁时为中书学生，时时沉湎于书籍，夜以继日地苦读。父母担心他的身体，禁止他晚上读书，不给火种。他暗中将火种藏在灰里，等到父母都睡熟了，用被子把窗户遮盖起来，点灯读书。

他们两个人的聪明和才智，在当时很受人们的赞赏和称奇。现在我们正是求学的开始，应该效法他们，努力用功读书。

古人认为，天资聪慧很宝贵，但"学问之道无穷，而总以有恒为主"。郭沫若说，天才绝不是所谓"生而知之，不学而能"的。天地间"生而知之"的人没有，"不学而能"的人也没有，天才多半由努力养成。

这分明是在告诉我们，不管你的孩子在你看来是不是聪明，都要引导他好好读书。

从沉重的龟甲、书简里走来，逐步迈入瞬息万变的网络信息时代，不变的是努力！有一句网络语很励志：聪明不可怕，可怕的是聪明的人更努力！什么意思呢？努力才是制胜的秘密武器。

在这里，需要明确一些关于学习的认识。什么是聪明？通俗来讲就是智商高吧！智商高的肯定聪明，但是智商高的不一定成绩好。智商相对低一些的，不一定成绩差。学习跟智商有关，但成绩好坏不由智商高低决定。

有的孩子在学习上反应慢，而且理解能力差，听不懂老师讲课的内容，不能很好地完成课后作业，怎么努力，情况也没有好转，这样的孩子在学习上的确"不聪明"。但是，只要找到适合的学习方法，一样能取得好成绩。而且，他们有自己的特长，要么擅长音乐，要么擅长写作，要么擅长绘画，要么擅长管理。

美国哈佛大学教育研究院的心理发展学家霍华德·加德纳将人的智能分为八个方面，即语言智能、数理逻辑智能、空间智能、身体运动智能、音乐智能、自我认知智能、人际关系智能和自然认知智能。每个人都拥有不同的智能优势组合。

这告诉我们，即使孩子成绩不好也不见得笨，即使孩子成绩很好也不等于多聪明。帮助孩子尽力学习基础学科是家长需要考虑的问题。基础知识的学习，不要求孩子高智商，只要有中人之资，便可通过学习和历练而有所成就，进而达到巅峰。

心理学研究显示，孩子的学习成绩与智商只是中等相关。相关系数在中学阶段为0.5～0.6。由此看来，中学阶段，把成绩差归结为脑子不好用、不够聪明，实属不成立，完全行不通。

每个孩子都是学习的料,每个孩子都具有成才的资本,只要足够勤勉,各有各的前程!

当孩子成绩不理想的时候,父母不能着急,更不能看低孩子,说他很笨之类的话。

美国心理学家用狗做了一项经典实验。把狗关在笼子里,只要蜂音器一响,就给以难受的电击。狗被关在笼子里,逃避不了电击。多次实验后,蜂音器一响,在给电击前,先把笼门打开。此时,狗不但不逃,而且不等电击出现就先倒地呻吟和颤抖,本来可以主动地避开,却绝望地等待痛苦的来临。这就是"习得性无助"。"习得性无助"的个体经历了某种"学习"后,在情感、认知和行为上会表现出消极的心理状态。"习得性无助"的学生会形成自我无能的策略,最终导致他们努力避免失败。

成绩差的孩子不是不能胜任学习,只要足够努力,找到适合的学习方法,就能学习好。我们不要看低孩子,更不要放任不管,永葆信心,孩子不形成"习得性无助",终有一天,会改变面貌。

从现在开始,努力

不是每个孩子一上学就懂得努力获得好成绩。当孩子成绩不理想时,做父母的想改变孩子,最高明的、最直接的做法是帮助孩子从当下开始努力。

《三字经》曰:若梁灏,八十二,对大廷,魁多士。

北宋年间有个文人叫梁灏,少年时曾立下誓言,不考中状元誓不罢休。结果时运不济,屡试不中,受尽别人讥笑。但梁灏并不在意,更不气馁。梁灏从后晋天福三年开始应试,历经后汉、后周,直到宋太宗雍熙二年,以82岁高龄考中进士。他在金殿之上对答如流,终于得偿所愿,脱颖而出成为状元。

这个坎坷的故事与封建社会背景下的科举制度有关。今天的孩子,如果有这样的学习劲头,不会有太坎坷的经历。

俄国著名芭蕾舞蹈家帕芙洛娃说过:"不休止地朝着一个目标前进,那就是成功的秘诀。"父母应认识到,孩子要获得知识,就要不断前进,即使暂时成绩差,也不能放弃。当孩子不够努力时,父母要多鼓励。父母是孩子的主心骨,能带给孩子坚持下去的力量。

在外地工作8年的妈妈回到德德身边后,很心痛,这个孩子明显地掉队了,成绩很不理想,最糟糕的是他无所谓的态度。他似乎已经放弃努力。如果不改变,他的学生生涯或许在学校后边的小山坡的陪伴下结束,大学将永远成为遥不可及的梦。

那天,妈妈在小山坡上找到德德的时候,德德正百无聊赖地独自坐着。

妈妈抱着儿子大哭一场,然后,领着儿子回家了。

德德没有想到,爸爸回来了。照常的,爸爸送礼物给儿子。德德表情淡淡的,谁都看得出他不稀罕。

一家人吃过一顿丰盛的饭后,爸爸宣布,他不出去打工了。儿子的眼睛闪亮一下。妈妈拉着儿子的手说:"儿子,对不起!爸爸妈妈要在这里重新开始自己的事业,希望你重新开始你的学习!我们一家共同努力,从新的起点起步!"

爸爸妈妈不是说说的,他们有成功打拼的经历,创业,不难!最让德德服气的是,妈妈辅导起学习来,很有方法。妈妈仅仅辅导了他一个月,他就不讨厌学习了,月考分数提高了20分。

妈妈说:"你也能和其他孩子一样,进入大学的校门,也可以读硕士,读博士!"德德听了,内心充满了力量。

我们无法知道成功离自己有多远,停止前行注定无法取得成功。唯一的选择就是继续前行,要懂得,每走一步都是一次很好的提升。这个道理,不仅适用于求学、追求事业,也是很好的教育理念。珍惜孩子的每一点进步,永远不要对孩子说不行,能让孩子保持信心。

1. 努力写好每一份作业

完成作业是对学过的知识进行复习和巩固,能加深理解,还能检验是否掌握了所学的知识。成绩差的孩子,总能从写作业的状态、作业的准确率里找到问题。解决了这些问题,认真、及时地写好每一份作业,是最直接、最有效的努力。

2. 从基础开始补充

先考考孩子,以前学过的知识,如果答不上来,就需要补课。补什么? 最基础的知识。如果父母不能做这些事情,最好请家教来帮忙。通过补习,一定要达到彻底掌握这些知识的目的。

孩子可能接受知识比较慢。这时候,一定要有耐心,此时多花费一些时间,是为了以后学习新知识更省时间和力气。平时,孩子要学习新课程,假期就是补课的好时光。

这时候，为了激发孩子的学习热情，可以给孩子一些鼓励，包括物质方面和精神方面。精神方面，让孩子感受到学习的进步是最有力量的鼓励。

3. 第一时间学习

相比成绩优异的学生，成绩不理想的学生在学习上的畏难情绪会更强一些，不自觉地就往后拖，拖到最后，就完不成了。把学习放到第一位。不管是课余，还是周末或者假期，不管有多么想做的事情，都要先学习。保证每天的学习时间，就能带来质的改变。孩子的成绩会越来越好，孩子会越来越爱学习！

文科和理科，学习方法大不同

数学、物理、化学这些科目，知识之间联系紧密，每一个知识点都要学扎实，学起来才不会费劲，才有兴趣一步一步攀登知识的高峰。

《三字经》曰：知某数，识某文。

知道基本的算术和高深的数学，以及认识文字，阅读文学。

"知某数，识某文"中的"数"指的是基本的数学知识，也可以泛指现在的自然科学；"文"指的是文字、文理，也可以理解成现在的人文学科。知识的传授，古今中外不外乎自然科学和人文与社会科学两大类。

学习自然科学，要"知某数"，一定要理解、明白，才算吸收进去了;没有听懂、不明白,就是没有吸收进去。学科学知识必须按部就班,初级科目明白了,才能上升到高级科目。初等数学懂了,才能学高等数学。

在辅导孩子学习的时候,我们要特别重视孩子是否理解了。

琼琼读小学二年级,花了几天的时间,背会了乘法口诀。如果问她,"3＋3＋3＋3"等于几,她做不到张口就来,还要做三次加法才能得出结果。有时,还会算错。

妈妈决定从加法补起,每天20道题,相同数字连加,算出结果后,与相应的乘法口诀对照看。为了加深理解,只要母女在一起,妈妈就会出一道题目。"7＋7＋7等于多少? 口诀是什么?"这大大提升了琼琼的运算准确率。

加法、乘法,理解了,会算了。妈妈又给她补习减法。有了前面的基础,琼琼理解起来容易多了。经过一段时间的练习,她的运算速度也加快了。妈妈终于放心了。接下来,学习除法,就不容易掉队。

理科的这些科目,知识之间联系紧密,每一个知识点都要学扎实,学起来才不会费劲,才有兴趣一步一步攀登到知识的高峰。

人文学科则不然,一篇文章读一遍会有一次理解,多读几遍,理解就不一样了。小学阶段学的课文,长大后再读,还会觉得很有收获。文章中的很多道理,要随着年龄的增长和阅历的增加才能领悟。

文科在于记忆,理解是记忆的基础,不理解死记硬背后,忘得快,而且忘得干净,难以找到回忆的线索。孩子越早读书,记忆的文字内容越丰富,理解力越强,学习越轻松。

多读书、读好书是学好文科的有效方法。读书不但有利于积累词汇,还能提升分析能力和理解能力。

2015年高考,张集森考了661分的好成绩,成为黑龙江省文科第一名。他同时通过北京大学和香港大学两所高校的自主招生考试。最终,他选择了北京大学法学专业。他认为爱读书是学好文科的不二法门。他4岁开始看书,读书范围涉及小说、历史、经济学、科学等众多领域,阅读的图书有1500本以上。

2017年高考,余格格成为南京市文科第一名。她特别喜欢阅读,经典名著是她的必读书目。她觉得阅读经典不仅有利于写作文,还能从中获得精神上的洗礼。

一些妈妈喜欢教孩子朗读或者背诵一些古诗词。一些教育机构,也在教古代经典。关于在适当的年龄学习,认知心理学告诉我们,3岁前,孩子对背诵的内容无法理解;上幼儿园后,逐渐理解了词语的意义,但并不能提取出来。3岁后,孩子学习、背诵的内容,能记忆下来,但要很好地理解,还需要上小学以后。孩子上小学后,思维能力才能逐渐获得发展。

进入学龄期以后,孩子会学习字、词、句、课文,而且要记住。有的孩子不肯下功夫,字不认得、不会写,课文更不会背诵。这种情况下,父母不要唠叨,更不要下达命令:"把这个字写一百遍,现在就写,我做完饭检查!"让孩子做学习的苦力,劳累的体验会让他觉得学习很苦,从而不愿意学习。

想办法让学习变得有趣、简单,学习轻松了,孩子才愿意学。比如,学习"渔""网""表扬"这几个字。我们可以跟孩子说:"渔民用网捕鱼,收获多的,受到表扬!"写一遍后,妈妈考孩子的默写。写出字后,让孩子注音。如此几遍,就记住了。

多读书,能帮助认字,有利于后面学习时掌握,学习过的字、词,再次读到,能够加深记忆。读书是运用别人的语言思维的过程,读多了,就建构起自己的语言和思想,思维能力大大提升。

抓好学习黄金期

心理学告诉我们,人的一生中,13岁以前,是大脑发育的黄金期,是记忆力最好的时期,记住的东西往往终生不忘。

《三字经》曰:子不学,非所宜。幼不学,老何为?

小孩子不好好学习,是不应该的。如果小时候不好好接受教育,老了以后怎么办呢?

如果荒废了这个黄金期,无论以后多么努力,大脑与神经系统的发育都会一天比一天减缓,记忆力衰退,学习效率会大大降低。更何况,年龄越大,身上承载的负担越重,能放在学习上的精力越少。

年轻时候的学习能对人的一生产生重要的影响,如同一座耸立的高楼,只有根基稳固,才能直冲云霄。"莫等闲,白了少年头,空悲切。"人如果不及时学习,终日做着"明日复明日,明日何其多"的自我欺骗,只能落得一个"岁月成蹉跎"的结果。

宋代的理学大师朱熹在《劝学》中指出:"勿谓今日不学而有来

日,勿谓今年不学而有来年。日月逝矣,岁不我延,呜呼老矣,是谁之愆?"

怎样使得孩子珍惜大好青春,努力学习呢? 因素很多。首先,最重要的一点是让孩子认识到学习的重要性。只有学习才能充实自己,只有学习才能让自己不断进步。其次,要让孩子懂得青少年时期便是人生中读书学习、接受教育的最佳时期。

想要孩子注重学习,关键是要让孩子明白为什么学习。从大的方面说,为了理想、信仰、人格、品格、道德、责任;从小的方面来说,有的是为了学习一点实用技术以挣钱谋生,有的是为了学习医学、法律、人文教育等。

北朝的时候,有一个非常著名的学者,叫颜之推。颜之推的孩子,两三岁时就开始读书。后来,孩子觉得读书很累,就问父亲:"难道我们非要读书吗? 您看现在好多人,没有读过什么书,依然高官厚禄、锦衣玉食,我们为什么非要读书呢?"颜之推就教育孩子:"是的,确实有那么一些人,靠着祖上的福荫,当了大官,过上了好日子,生活也许比我们还好。但是,每到紧要关头,每到有大事的时候,这些人都是束手无策,毫无办法。为什么呢? 因为他们没有读书,他们没有知识。"孩子听了这话,又问他:"那我知道了,应该读书。但是能不能稍微晚点让我读书? 等我长大一点,再读书好吗?"颜之推告诉孩子:"读书应该只争朝夕,应该趁小的时候,记忆力好的时候,抓紧时间读书,尽早去接触圣贤之书。这样对你将来读书,或者长大以后为国家服务,都有很多好处。"

如果孩子从小就确立了为信仰而学习、为梦想而学习、为改变贫苦境地而学习的目标，他就不会没有动力。即便把学习目标定成多挣钱，使父母过上好日子，也会产生强大的力量，促使自己努力学习。

要想使孩子利用大好的时光学习，针对孩子学习没动力、无上进心等问题，解决的方法就是整合价值观，即"确立人生理想，树立现实目标"。

按照传统的教育理论，13岁以前是最佳的学习时期。13岁以前掌握的知识越多，思想越丰富。

在学习的过程中，有很多事情会分散人的注意力，春天的绵绵睡意、夏天的炎热酷暑、秋天的嗡嗡虫鸣、冬天的数九寒冬，一年四季，总有什么能成为不爱学习的孩子的理由。对于能够自主学习的孩子，任何有趣的存在都不能构成诱惑，不能耽误学习。

那么，怎样才能使得不爱学习的孩子拥有学习的自主性呢？

父母不要在孩子学习的时候督促孩子。有的家长，当孩子做作业的时候，忍不住放下手头的事情，走上前指点几句、警告几句："仔细点，别马马虎虎！""快点写，一副心不在焉的样子！"这样的父母恨不得一下子把孩子指导成"状元"。其实，这样往往会把孩子逼急了，使孩子失去积极、愉快上进的情绪，难以进行积极、主动的思考，逐渐失去学习的主动性。

那么，对不爱学习的孩子就放任自流吗？也不是。可以以提醒、建议的方式对孩子说："你准备什么时候做作业呢？""你写完作业再玩游戏多轻松呀！""一鼓作气把作业写完，可不能做半途而废的懒孩子呀！"

对于没有形成良好学习习惯的孩子，父母的目标是指导孩子学会自己安排学习和玩耍，而不是严加看管，把家里搞得紧兮兮。那种全家人为了孩子改变的状态，会增加孩子的心理负担。

173

如果父母陪伴孩子一起学习,而不是监督孩子学习,既可以提高自身学识和修养,也可以为孩子树立榜样。

学习是一个积累的过程,所谓"厚积薄发",少年时努力学习,一点点积累,不急不躁,长大了自然就有了收获的资本。如果图安逸,平时不下功夫,却想着一夜学成大学问家,只能是空梦一场。

父母不妨告诉孩子,笑到最后的才是笑得最好的人。任何成功都是不断积累与成长的结果,如果忽视了积累,成功只能是昙花一现。

人生中有的事可以在最短的时间内完成,但是,很多事只能通过一点一滴的积累才能成气候。当孩子急于求成的时候,一定要开导孩子,任何一个人都需要从小时候开始,在实践中慢慢积累自己想要的知识,才能获得预期的胜利。

耐心做好儿童入学启蒙教育

对于刚入学的儿童来说,校园生活是个崭新的开始。在一个既新鲜又陌生的环境里,他们可能难以进入学习状态。帮助他们建立好学生的心境,一天的学习生活会充满快乐,他们会因此爱上学习。

《三字经》曰:凡训蒙,须讲究。详训诂,明句读。

凡是教导刚入学的儿童的老师,必须把每个字都讲清楚,每句话都要解释明白,并且使学童读书时懂得标点断句。

"凡训蒙,须讲究。"延展开来讲,就是一定要重视孩子的启蒙教育。在他开始读书的时候,必须打下一个良好的基础;底子打不好、基本功不扎实,长大后的造诣就会受限制。

对于刚入学的儿童来说,校园生活是个崭新的开始,帮助他们建立好学生的心境,一天的学习生活会充满快乐,学习就成了一件追逐快乐的幸福事情。

刚入学时,是寻找学习方法和建立学习习惯的关键期,打下良好的基础,需要父母耐心引导。

"详训诂,明句读。"先搞清楚这句话的字面意思吧。第一,在教导刚入学的孩子的过程中,比如读书、讲述等,必须把每个字都讲清楚,每句话都要解释明白,以免孩子因为误听误记,导致学到的知识不准确,影响知识的储备。第二,是针对古人的文章来讲的。古人的文章没用标点符号。在阅读之前,就要搞清楚文章的句读,句读不清就没有办法读懂文章,更无法领会其中的内涵。

句读相当于现代的标点符号,古文不用标点符号,为的是避免标点符号割断文章的文气。今天的文章都有标点符号,学习的时候,看清断句处,有利于把字义、文义理解准确。

当孩子升入小学,开始学生生涯的时候,我们该耐心辅导孩子什么呢?

老师在学校讲了,孩子没有学会,父母就要辅导。否则,写作业卡壳,听不好下面的课,对学习产生畏难情绪,学习积极性下降,孩子就不愿意上学了。

父母辅导孩子,要保证孩子能听得明白。妈妈口齿要清楚,语速慢一点,注意观察孩子的反应。在不能确定孩子是否听懂的情况下,讲几句,就问问孩子,听明白了吗? 孩子光点头不行,还要考考他。如果能答上来,说明孩子确实掌握了。

很多时候,妈妈讲一遍孩子理解不了,不要嫌烦,耐心再讲一遍，还是听不明白，还要讲。即使今天明白了，懂了，会写了，过了几天，他还可能会忘记，需要引导孩子复习、巩固。

最初写字，不管是数字，还是生字，都要写清楚。按着田字格，一个字一个字地写，一边写一边记忆，达到认识、会读、能默写、懂得什么意思，才算记住。

只要孩子尽力去写，很认真，一笔一画，不要过于纠结是否横平竖直。孩子的手部肌肉力度不够，很可能会有字写得歪斜情况发生，不过分就不要指出来。否则，孩子反复用橡皮擦，产生"沉锚效应"，以后，就离不开橡皮擦了。

心理学上有个著名的"沉锚效应"，意思是当一个人对某人某事作出判断时，易受第一印象或第一信息支配，就像沉入海底的锚一样，把人们的思想固定在某处。当孩子在学习中不能一气呵成，而是反复改正的话，那么孩子下次还是这样，不停地擦掉重写，思维局限于字写得够不够工整，就禁锢了思维。

父母要记得，辅导孩子，在他遇到不懂的内容的时候，最好几处放一起来讲，讲完了就离开，不要待在那里盯着孩子。实践证明，陪孩子写作业，一方面，容易干扰孩子的注意力；另一方面，可能使孩子滋生依赖心理和学习奴性，导致父母不在身边就不写作业的情况！

用爱点醒逃学的孩子

当孩子开始旷课、逃学的时候，父母一定要明白，孩子的学习已经出现了状况，可能这个孩子已经不喜欢学习，或者厌恶学习、害怕学习。

> 《三字经》曰：子不学，断机杼。

有一次，孟子逃学，孟母就折断了织布的机杼来教育孟子。学习如织布，连续进行才能学得扎实，三天打鱼两天晒网，难以获取知识，不如干脆不学。

浙江省丽水市缙云县某中学的女教师潘某因为学生逃学上网，又联系不到孩子的家长，就决定带着孩子一起做家访。这个孩子害怕逃学上网的事情被家长知道，在带领教师家访途中，借口父母不在家，而爷爷奶奶在山上干活，将老师骗到山上将她掐死了。

按照大众的逻辑，一个经常逃学的孩子对学习已经失去兴趣，是很难学习好的。即使成绩好的孩子，如果经常逃学，也难以把功课学扎实。那么，孟子是怎样从一名逃学者成长为一代圣人的呢？

孟子十分聪明，上学以后什么东西都一学就会，慢慢地，就觉得学堂的课实在没有意思。有一次，孟子一连三天没有上学。孟子三天不去学堂，老师不放心，派人到家里探问，看孟子是不是病了。这时，孟母才知道按点出门、按点回家的儿子逃学了。

孟子回到家，母亲问他到哪里去了，孟子回答说上学去了。孟母大怒，拿起剪刀就把织布机上的经线齐着机杼给剪断了。这下孟子害怕了，因为他们维持生计的唯一来源就是母亲织的布。孟母让他将断了的线头全部接上，几百根经线全剪断了，哪里还接得上。

于是,孟母将道理讲出来,读书与织布一样不能截断,截断了就接不上了。即使能接上,但织出的布满是疙瘩,还有人要买吗?你贪玩逃学,荒废时光,怎么能学到安邦定国的本领呢?从那以后,孟子不敢松懈了!

当孩子逃学的时候,一定有不愿意学习的成分。要想孩子不逃学,就要找出逃学的原因。当孟子逃学的时候,孟母及时发现了情况,根据孟子贪玩的天性,毅然剪断织布机上的布匹,教育孩子荒废时光只能半途而废。

孩子逃学的原因有很多,比如老师讲课太深奥,孩子听着吃力,思维就开小差了;作业难度大,不会做,不知道怎么面对老师;老师或者家长批评几句,伤了自尊,不愿意学习了;受到散漫生活方式的影响,想自由玩耍;被暴力影视剧感染,着意模仿;有的孩子则纯粹是贪玩。于是,一提学习就烦。为了躲避一时,心里轻松一阵儿,就逃学了。有的在街上闲逛;有的去网吧玩游戏;有的可能去同学家玩;有的甚至离家出走,去寻找自由的天地。

逃离了学习,孩子的日子过得并不平静,为了躲开熟人,要把自己藏起来,还要考虑被发现后如何对付老师、家长,内心很惶恐。大部分孩子,第一次逃学后,并不是很快乐。抓住这个机会,好好沟通,改变起来会比较容易。

每天为生活所迫的家长,把大部分收入花在孩子身上,盼着孩子有个好前途。可是,孩子却不好好学习,逃离学校,家长的怒气可想而知,一时控制不住情绪,便拳脚相向了。

殊不知,这样做的结果,不但不能使孩子改掉逃学的缺点,很可能将孩子原本不多的求学热情扫荡得一无所有,把孩子推向逆反的深渊。生活中,像这样本着让孩子学好的目的,因为管教方式不当,最后反倒成为孩子学坏的推手的案例不胜枚举!

有个孩子,逃学一天跟其他孩子去上网了!父母知道后,不分青红皂白,就是一顿打!孩子很伤心,在心里恨父母!趁父母不注意,离家出走,加入了那些不良少年的行列。

要想避免逃学成为学坏的开始,就应该将其当成一个孩子学坏的信号,及时点醒孩子,让他回归到学习的道路上来。

1. 接纳孩子眼下的不容易

不要一得知情况,就对孩子大声责骂或者大打出手。先问问孩子为什么逃学。你温柔的态度能打开孩子的心扉,不管理由是什么,都要接纳。

接纳是改变的第一步,能让你面对现状,寻找解决问题的好方法。重点是,孩子愿意改变。

2. 答应孩子,一起面对困难

不管是学习上的困难,或者同学关系上的烦恼,孩子要逃离都表明他不够自信,需要支撑的力量。这个时候,给他一双臂膀,和他站到一起,去解决问题,能提升孩子面对困难的勇气和自信。

尊重不写作业的孩子

真正的教育是在尊重孩子人格、维护孩子尊严、保证孩子权利中进行。我们把孩子当作一个独立的个体，尊重孩子的人格，他们才会独立、自主地完成自己的事情。没有哪个孩子是在父母的打骂中好好成长的。

《弟子规》曰：势服人，心不然，理服人，方无言。

用势力去压服别人，别人就会口服心不服；用道理去说服别人，别人才可能心悦诚服。仗着家长的身份压服孩子是当今家长非常容易陷入的一个教育误区。很多家长内心深处有一种意识，为了孩子好，管孩子是天经地义的事情。把自己当成"封建家长"，教育行为就显得肆无忌惮，不考虑孩子的感受，不注意教养的效果。

星期天晚上，晓苗高高兴兴地坐在沙发上看动画片。19点钟，爸爸从外边回来，让女儿去写作业，自己准备看新闻联播。女儿不满意了："爸，动画片还没演完呢。"

爸爸说："动画片明天再看！先写作业去！"女儿生气了，大吵大闹，非看动画片不可，并倔强地顶撞父亲。被激怒的父亲借着酒劲骂了一句："你这个不听话的孩子，去死吧！"顺手给了女儿一巴掌。

妈妈看到女儿流着眼泪径直朝阳台走去，问："做什么去？"女儿气哄哄地说："去死！"

妈妈急忙赶过来，抱下了已经踩到阳台边上的女儿。女儿委屈得哇哇直哭！嘴里不停地说："不是让我去死嘛！我去死好了！"

当孩子在玩或者看电视的时候,父母第一时间想到的就是作业写了没有。如果答案是否定的,立马就说:"就知道看电视。关了电视,写作业去。"有的直接就关掉了。弄得孩子心里很不舒服。

相反,如果你说:"儿子,已经不早了,作业写完了吗?"孩子说:"没呢。"你说:"看来,今天的电视很好看。那么,再看10分钟,然后写作业吧!太晚的话,恐怕写不完。"这样说,孩子就容易接受。

很多家长不习惯跟孩子讲道理,一言堂,命令孩子,让孩子心里不舒服。一次、两次,次数多了,孩子就会反抗,哭闹着不写作业,或者胡乱写。父母以孩子不好好学习为由,一味批评,孩子反抗的时候,却不明白孩子反抗的是父母的态度,而不是作业。

亲情是一种无可代替的情感资源,赋予了家长教育孩子的权利和责任,能否用好,决定了教育的成败。

真正的教育是在尊重人格、维护尊严和保障权利中进行。我们把孩子当作一个独立的个体,尊重孩子的人格,他们才会独立、自主地完成自己的事情。

孩子刚上学,有着很大的学习热情,那些不放心孩子,陪在孩子身边看着孩子写作业的家长,传递给孩子的是一份不信任,最终导致孩子认为写作业是父母的事情。当父母不在身边的时候,就不写或者边写边玩。父母见了,大声呵斥或者打骂孩子,恶性循环,孩子逐渐厌学了。

有父母陪着,孩子遇到问题就问,或者写错了,父母当即指出来,弱化了孩子独立面对学习任务的能力。如果遇到难题的话,孩子便没有解决的能力,会感觉学习很难。

从孩子上学的那一天起,就告诉孩子,每个学生都要努力学习,按时完成作业,容不得商量。孩子做到了,再加一把火,进一步鼓励,学习是你自己的事情,好好学习,就是为自己储存知识,将来有出息,能做大事。

不是鼓足了劲,讲明白了道理,孩子就能按时写作业。很多妈妈都深有感触。你刚讲完这些道理,他听得连连点头,一扭头,就玩上了。

玩是孩子的天性,小学低年级的孩子痴迷于玩,这是成长的需要。不要责怪玩起来忘了时间的孩子,他们的逻辑思维能力不强,还不能把玩与占用了更多时间、自己的责任、未来的前途联系起来。他们的自我控制能力不强,抵挡不住玩耍的诱惑,不能及时停止玩耍。

当孩子玩耍的时候,妈妈可以选择陪孩子玩一会儿,一起玩,孩子多开心啊!你已经成了他的盟友,他会信任你。玩到一个阶段,告诉孩子,妈妈要烧饭了,你该写作业了,等完成了任务再玩。这时,孩子会很合作。如果你坐在一边吃瓜子、看电视,让孩子写作业,他内心不平衡,当然不配合了。

在孩子心中刻一个"早"字

要孩子有意识地管理时间,不虚度光阴,需要他自己拥有紧迫感。这样,他才会在心中刻一个"早"字,不让自己落后。

> 《三字经》曰:彼既老,犹悔迟。尔小生,宜早思。

像苏老泉上了年纪,才后悔当初没好好读书。而我们年纪轻轻,更应该把握大好时光,发奋读书,才不至于将来后悔。

孩子管理时间的能力不是生来就有的,要孩子不虚度光阴,他自己拥有紧迫感是前提,还要学会管理时间。这样,不甘落后的他才会在心中刻一个"早"字,走在前面。

1. 认识到学习是重要的事情

生命的每个阶段都有要完成的任务,美好人生是若干阶段任务完成后的累积。孩子明白了这个道理,更益于管住自己,不贪玩,不散漫,养成读书学习的好习惯。

少年时代是读书的黄金时期,脑子具有可塑性,记东西快。过了这个时期,工作、照顾家庭会占用大量的时间,学习时间有限,记忆力也逐渐呈衰退的趋势,再想弥补浪费掉的青春,就要花上几倍甚至几十倍的精力,效果未必好。

2. 提示自己时间有限

时光稍纵即逝。"黑发不知勤学早,白首方悔读书迟。"父母要尽早让孩子明白,他的时间不是无限的,计划做的事情快点做,没有哪一个梦想可以延期。

中国民间有一首《莲花落》,歌词这样写道:"人生七十古来稀,我今七十不为奇。前十年幼小,后十年衰老,中间只有50年,一半又在睡觉中度过,这样算来仅有25年……"这种算法把短暂的人生算得一清二楚。人生的有效时间,只有区区25年。

很多人在一天天的玩乐消遣中遥望着梦想,忽略了时间在一分一秒从我们的生命中流走。人生的有效时间在一点点减少,一点点远去。

183

一位须发冉冉的老人和一个顽皮少年坐在一起聊天。少年手里拿着一盒火柴，颠来倒去，悬空落地，左手右手，玩得不亦乐乎。老人知道，这个时候，有很多孩子在埋头苦读，为了自己的将来。

"孩子，趁年轻，何不埋头读书，为将来成就一番事业做准备呢?"老人劝告少年。

少年满不在乎地回答:"何必那么急呢? 我的青春才刚刚开始，时间有的是! 我要趁着年轻好好玩!"

"时间可不等人啊!"老人说，并把少年引到一间伸手不见五指的地下室里。

"我什么也看不见!"少年说。

老人拿过少年手里的火柴，擦亮一根，对少年说:"趁火柴未熄，你在这地下室里随便选一件东西出去吧!"

少年借助微弱的亮光，努力辨认地下室的物品，正四处寻找时，火柴就燃尽了，地下室顿时又变得漆黑一团。

老人领着少年走出了地下室。

"我什么也没拿到，火柴就灭了!"少年抱怨道。

老人说:"孩子，你的青春年华就如同这燃烧的火柴，转瞬即逝，你要珍惜啊! 否则，这一生你什么都抓不到!"

时间无形无色，谁都看不见，我们会忘记时间的有限性。对于没有生存压力的孩子来讲，这种忘记就更容易。不妨教孩子把对生命尽头黑洞的惶恐化为这样一种念头:今天是我在世上的倒数第×天，生命正随着这一天的过去而递减。时刻提醒自己生命在快速消失，趁着还有机会的时候，努力过好当下，才不会再维持"来日方长"的错觉，让一切懒惰、懈怠、拖延和得过且过的思想消失殆尽。

3. 少年时光,学习第一位

即使有家务事要做,也不能荒废学业。虽然封建时代私塾老师的教导很严苛,却铸就了一个爱惜时间、珍惜生命的"民族魂"。他一生写作1000万字,包括著作600万字、辑校和书信400万字。他便是鲁迅。

鲁迅12岁便到绍兴城里著名的私塾——三味书屋学习。13岁时,家道中落,父亲病重,他经常到当铺卖掉家里值钱的东西,然后再到药店给父亲买药。有一次,父亲病重,鲁迅一大早就去当铺和药店,回来时老师已经开始上课了。看到他迟到了,老师就生气地说:"十几岁的学生,还睡懒觉,上课迟到。下次再迟到就别来了!"

鲁迅听了,点点头,没有为自己进行任何辩解,低着头,默默回到自己的座位上。

第二天,鲁迅早早地来到学校,在书桌右上角用刀刻了一个"早"字,心里暗下决心:"以后一定要早起,不能再迟到了!"

以后的日子里,父亲的病更重了。鲁迅每天天不亮就起床,料理好家里的事情,然后再到当铺和药店,之后又匆匆忙忙地跑到私塾上课。虽然家里的负担很重,可是他再也没有迟到过。

鲁迅先生说:"时间,就像海绵里的水,只要你愿挤,总还是有的。"读书学习,要学会挤时间。

既要遵循教科书，也要有生活实践

一味地学习，难免把知识学死，导致头脑僵化。孩子不能只学习、观察，还要自己亲身体验一下，真正参与到社会生活中，这样才能锻炼出能力。

> 《弟子规》曰：不力行，但学文，长浮华，成何人？但力行，不学文，任己见，昧理真。

倘若不努力实践，而只是学习经典文献，就会滋长浮华的作风，将来怎会成为一个有用的人？反之，如果只是一味地做，而不努力学习，就容易只凭自己的见解去为人处世，就不会明白道理的真与假。

高分数不等于高能力，满肚子的知识如果转化不了生产力，那么学习不会是自我提升、自我实现的方法，对未来的期许可能会落空。如果一个人读完名牌大学后只能去养猪，而且获得的经济效益比中学毕业的养猪人低很多，这样的人是否有必要反省自己的成长历程和所学的知识呢？

要想通过学习获得的不是与预期相反的成果，而是分数高、能力强、成就卓越，很关键的一点是不能忽略培养孩子处理问题的能力。学生时代，饿了，能给自己做餐饭；出门不被骗；喜欢一条流浪狗，带回家前，懂得和父母商量，先去检疫、打针。别小看这些能力，生活经验是靠实践积累来的。

身边的一位朋友，看城市租房生意火爆，进城租赁了一栋写字楼，低价位承租，高价位出租，利润很可观。一个人忙不过来，妻子也跟去了。唯一的儿子留给爷爷奶奶和姑妈。

爷爷奶奶管后勤,吃住搞得很好,姑妈负责辅导学习,孩子的成绩不错。这个孩子顺利考入高中,要离开村子里的家,去县城读书! 举家搬迁,住进县城。问题来了,虽然家和学校只有10分钟的路程,孩子还要家人接送。很多孩子骑自行车上学,有的坐公交车,他却不行。在学校,即使是喝水,也要家里人送。

在学校里,什么东西被同学借走,连找都不找,回家要钱重新买。班里的活动,好像跟他没关系,值日要姑妈代劳。同学送他绰号"学傻"。家人也觉得不妥当,可又不好管教。他的父母每次都说,成绩好了就行。

孩子长大后,能否很好地生存,在于对社会的适应能力。涉及体能、技能、智能三个方面。三方面没有谁更重要,协同发展,偏于任何一方,都会影响其他方面,适应力下降。体能是基础,技能是保障,智能是前提。重视课本学习而忽视其他方面,比如,日常交往、生活实践、运动玩耍,都会导致孩子人格发展受限,能力不强,没有真本领。

从前,有一个叫刘羽冲的人,偶尔得到一部古代兵书,伏案读了一年,便自称可以统率十万大军。恰好这时有人聚众造反,刘羽冲便训练了一队乡兵前往镇压,结果全队溃败,他本人也差点儿被俘。他又得到一本讲修水利的书,苦读一年,并画了水利图,到州官那里讲修水利的好处。州官就让他去修水利,他不看农田水势,不问以往这个地方的降雨情况,也不听一听当地农民的意见,就叫人按他画的水利图动工。渠道刚使用,就被汹涌的大水冲垮了,农田也被淹没了。任何知识都要服务于实践,一边学习,一边把所学的知识用于实践。

课本知识系统传授人类社会发展所积累的知识，注重系统、全面、精确和相对稳定，是人类更深、更广认识世界的基础。

参与社会生活，父母可以利用周末或者假期让孩子参加公益活动、做导游、做推销员、卖学习用品、走进大自然植树种草……这个过程中，不但锻炼了身体，还能让孩子通过与社会接触，增长见识，提升处理社会事务的能力。

第七章　学习有规矩：会用功，滞塞通

　　要想学习好，就得会学习。之所以有那么多孩子的学习成绩不理想，不是他们笨，也不是不用功，而是没有搞懂学习是怎么回事，没有找到适合自己的学习方法。

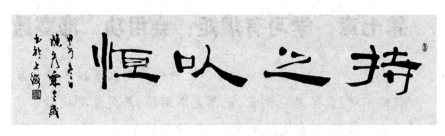

隶书　持之以恒（书写：陈彦霖）

自觉性是保护出来的

读书需要靠自觉,刻苦不是父母逼出来的,是孩子发自内心的一种对知识的渴求。保护好孩子的求知欲,孩子对学习更加积极、主动,也更愿意学习。

《三字经》曰:头悬梁,锥刺股。彼不教,自勤奋。

汉朝的孙敬读书时把自己的头发拴在房梁上,以免打瞌睡。战国时的苏秦每到读书疲倦时,就用锥子刺大腿。他们不用别人督促而自觉勤奋苦读。

朋友的孩子一放学,就坐在电视机前看动画片。妈妈不在家,绝对不写作业。爷爷奶奶管不了,说多了,孩子就顶撞。妈妈在家时,要求妈妈陪着写作业。如果妈妈不陪着,就拿着笔东张西望,书桌前坐一个小时,作业本上写不了几个字。朋友愁得不知道怎么办好。

孩子在学习上不够自觉,缺少主动性,在学习的过程中,就会存在不会预习、上课不注意听讲、课后无法按时完成作业的情况。这样学习,哪里能扎实掌握所学的知识呢?

孩子对待学习的态度,是将来对待人生态度的缩影。

子曰:"譬如为山,未成一篑,止,吾止也。譬如平地,虽覆一篑,进,吾往也。"学习时,尚有老师带领,而人生大多数时候是没有人监督的。如果缺乏主动上进的心,那么以前堆成的高山也将形同虚设。反之,如果具备主动的意志,即使环境再恶劣,从平地上也可以逐渐堆土成山。

学习有无主动性，可以通过孩子对学习的热情来判断。

某学校一个班级的黑板上，自上卫生课的第一天开始，就挂有人体解剖图，上面清楚地标明重要骨骼、肌肉的名称和分布。刚开始挂在那里的时候，还会有三三两两的同学走上去，饶有兴趣地指指点点，但是时间久了，也就没有人感兴趣了。

整个学期，那幅图都留在那里，不过老师从来没有提起它。在一次测验中，大家没有看到试卷，只有黑板上的一道试题："列举人体各主要骨骼的名称和部位。"

班上很多同学在嘀咕："我们从没学过这个。"有几个同学下意识地去寻找在黑板上存在了很久的人体解剖图，但是没有找到。

没有谁能够答得上那道题。他们有充足的理由，那就是老师没有讲过这个知识点！

"这不是理由，"老师说，"那些知识已经挂在黑板上好几个月了。即使记不全，总该有印象，能写出一部分吧！"

读书需要靠自觉，刻苦不是逼出来的，是孩子发自内心的一种对知识的渴求。伟大的教育家孔子说："知之者不如好之者，好之者不如乐之者。"

夕阳西下的一天，孔子毕恭毕敬地盘坐着，一遍又一遍兴致勃勃地弹奏着同一首曲子。他的老师师襄子看到孔子那副如痴如醉的神情，忍不住对他说："这首曲子，你已经练了足足十天，可以学一首新的曲子了！"

孔子站起身来，认真地说："我虽然练了这么长的时间，可只学会了曲谱,还没有真正弄懂其中的技巧啊!"

几天后,师襄子看到孔子的指法更加熟练了,那首乐曲也弹奏得更动听了,便对孔子说:"你已经掌握了弹奏的技巧,可以学一首新的曲子了!"

可是,孔子对老师说:"我虽然掌握了这首曲子的弹奏技巧,可还没有真正领会这首曲子表达的思想呢!"

又过了许多天,老师来到孔子家里听他弹琴。一曲终了,师襄子已经完全被孔子洋洋洒洒的弹奏所陶醉。

曲毕,老师欣慰地说:"你已经弹奏出了曲子的思想感情,可以学一首新的曲子了!"

可是,孔子还是像第一次那样认真地回答说:"我虽然弹得像点样子了,可我还没有体会出作曲者是一位怎样的人啊!"

说完,孔子还像开始学习时那样,一点儿也没有厌倦,又毕恭毕敬地盘坐,一个音符一个音符地弹奏起来。

又练了些日子后,师襄子对他说:"功到自然成。这次,你应该知道作曲者是谁了吧?"

孔子眼睛一亮,兴奋地说:"我已经知道作曲者。此人身材魁梧,脸庞黝黑,常常独自仰望天空,一心要感化四方。此曲非文王莫属,不知对否,还请老师指教。"

师襄子激动地说:"你说得很对! 这首曲子的名字叫'文王操'!"

做学问和弹琴一样,向着更深入的领地探索,悟到更多的内容,必然达到很高的境界,取得更大的进步。

马斯洛需求理论告诉我们,孩子天生有求知的需要。宝宝还不会说话,就喜欢翻书,指着里面的图画,"啊,啊"地叫。告诉他,说对了,他会点点头,咧开小嘴大笑!

蒙台梭利认为,初生的婴儿以其吸收性心智,在各种敏感期的驱使下,从无到有地发展种种能力。让孩子依自己的意志选择有兴趣的教具时,便开始了自主自发的学习,积极而认真。同样的,父母可以准备一个丰富且安全的生活环境,让孩子在其间自由探索,使他对想学习的事物保有兴趣,产生自动参与学习的动机。

不支持儿童自我探索来学习,结果怎么样呢? 蒙台梭利说:"这潜藏着危险性,使儿童丧失特有的自发性及探索心理,沦为如同毫无欲望的老朽之辈。"

为啥有的孩子上学后,反倒不爱学习了呢? 是我们不当的教养方式破坏了孩子的学习兴趣。

玩与学都是孩子的重要需要,相比于学习,玩更轻松随意,自制力不强的孩子玩起来就耽误了学习。孩子步入校门以后,还不具备自我管理能力。这时,妈妈需要安排好孩子玩与学的时间。既要让孩子有玩耍的时间,又不耽误学习。

放学以后,让孩子玩一会儿。玩多久? 和孩子一起商量,半小时、40分钟,以不超过一小时最佳。

执行规矩要严格,上闹钟,铃声一响,不管孩子在做什么休闲活动,都要放下,马上开始学习。学什么呢? 复习、写作业、预习、完成每天的阅读任务。这些事情看似不大,每天都做,孩子被知识迷住,培养了学习的兴趣,就有了自觉性,对学习负责,做不完作业连觉都不想睡了。

把知识学"透"

学习知识，绝不是一看就懂那么简单，也不是当时会了就永远记住那么容易。学习是一个在透彻理解、深刻记忆、充分内化的基础上，建构自己知识体系的过程。

> 《三字经》曰：赵中令，读《论语》。彼既仕，学且勤。

宋朝时的赵中令——赵普，他的官已经做到中书令，天天还手不释卷地阅读《论语》。他不因为自己已经当了高官，而忘记勤奋学习。而读书呢？确实把这位大宰相的人生境界往高处提了一大截。从宋太祖赵匡胤陈桥兵变，黄袍加身，杯酒释兵权，到后来的"金匮之盟"，他都起到了举足轻重的作用。

读书不在多，而在于是否用心，是否读透。一目十行，急着把书读完出去玩，一本书看完，讲的是什么都不知道。平时写作业，把作业写完就算交差，不深入思考，很容易犯错。一道题目，换形式再问，就卡壳了。有的孩子，当我们问他是否学会了，他回答得很干脆。可是，当你提出问题考考他时，就状况百出了。以上情况都是没有把书读透，没有把知识学透导致的。

书读不透，知识学不扎实，考试得不到真正的好成绩。很多孩子平时表现不错，考试成绩却不理想，就是因为没有把知识学透。到了考场，面对新题目，思维短路。

如何做到"透"？学习是一个信息吸收的过程，要不断思考，才能领会、记忆、掌握，达到"透"的境界。

刚入校门的孩子，需要父母把关，帮助他们踏实学懂，深刻理解。

195

1. 认真学习、克服浮躁心理

什么是浮躁心理？没恒心，没毅力，学知识一知半解。刚学了点皮毛，就觉得懂了，不再用功。在学习上，浮躁心理会助长贪玩的坏习惯，导致对知识掌握不深入。听老师上课讲完，课后习题做了，就觉得自己会了。高枕无忧地玩。其实，没记住。

克服浮躁心理的最佳方法就是认认真真地学习。学习一个知识点，提前预习一下，了解有关内容。课堂上认真听讲，弄明白老师所讲的内容。课后，按时完成作业。这样不够透，业余时间还要反复阅读课本，做对应的题目。一周、一个月、三个月，分别复习一下。即使这样，也可能理解不透，还需要多多温习。

以后的温习，可以这样进行。

做完一道习题之后，思考一下，采用了什么方法，解题依据的原理是什么，有无其他方法，哪种方法更好，能否变通一下而变成另一道习题。这样的思维方式，有利于加深对知识的理解和记忆。

读一本课外书，不要读一遍就放下。首先，了解一下作者生活的年代，当时的社会背景，作者的思想动态。其次，借助字典、词典等工具书通读全书。要弄清楚作者写作的顺序，了解书中的事件，认识书中的人物。对书中的好词、好句、好段分类积累。对自己喜欢的重点章节、段落作标记。接下来，对标记出的关键性章节、段落，反复研读，熟记成诵。高年级的同学，系统地整理一下，语言、内容、结构、主题、表达方法等，看看有什么特色。

2. 不要急于求成

面对一个学习任务，急于完成的心理很容易导致囫囵吞枣、一知半解。完成了，就觉得自己懂了，学习过程就结束了。

克服急于求成的最好方法就是制订计划和进行检查。制订一个学习计划，太早完成就有偷工减料之嫌。耐心检查，发现错误后，除了及时改正错误，还要纠正"太快"的做法，让自己适度"慢"下来。

华东师范大学的一名研究生实行的"两小时"学习方法值得学习。

八年级的时候，这名学生的成绩从原来的前五名跌落到二十名之外。妈妈帮他制订了"两小时"学习法。中考之前，每天晚上都要腾出两个小时的时间，专门进行复习或练习。在这两个小时里，不可以走动、吃东西、看其他书籍、说话。这两个小时就是必须高效率学习的两个小时。即使是想上厕所，也要尽量忍住。

一开始，这名学生坐了一会儿就想起来走动。妈妈一直在客厅监督着，他只好忍耐。慢慢地，他学会了怎样度过这两个小时。开始前，先把其他的事情都安排好，以免中途缺这少那。前一个小时，集中精力看书，累了的话，就换个科目复习，或者背背英文单词、做做题目。但是，不能起来做其他事情，包括喝水或者吃东西。

即使在九年级备战中考复习非常疲惫的时候，他也一直坚持。结果，自然取得了优异的成绩。

制订了计划，就要严格实施。这个执行计划的过程就是克服急于求成的心理过程。

3. 区分真懂和自以为懂

课堂上，老师讲完课或者讲解完某道题目后，会问同学是否懂了。老师一问:"懂了吗?"很多同学会回答:"懂了。"其中不乏当时真的懂了的,也有随波逐流假"懂"的。大部分人只要"懂了"说出口,就以为自己懂了,不再关注、复习了,事实上并不懂。

点醒孩子,让他认识到学习上存在"假懂"的现象,应该想办法变成真懂。如何真懂? 考考孩子吧! 可以同学之间互考,也可以父母出题考,孩子答不对,就要重新学习了。重新学习还搞不懂,就要虚心向他人请教。不要羞于自己说过"懂了"就不好意思请教,为自己找个台阶下,"当时确实懂了,现在又不会了"。如此真诚的请教,谁又会取笑你呢?

恰当引导,孩子的思考能力强

思考把自己与外界相连,使人的视线不断地扩展和延伸。思考帮助人们从对现状做被动的反应,逐渐转化成主动的创造,让人在复杂的细节中不迷失,能够作出清晰的判断和主观的决断。

《三字经》曰:口而诵,心而惟。

强调思考对学习的重要性,思考就会有所得,不思考就无收获。没有思考,知识就无法内化为自己的知识。思考是获取知识的秘诀。《孟子·告子上》:"思则得之,不思则不得。"

叶圣陶先生说:"学生自己动脑筋,得到的东西格外深刻。光听老师讲,自己不思考,得到的东西就不太深刻。"

"学而不思则罔。"如果只是死读书，而不善于思考，就会在浩瀚的知识海洋中迷失方向，失去自己的个性和见解，最后只能惘然，甚至会闹出笑话。

在古代，曾经有个爱书的人，家里堆满了书，即使为母亲奔丧，也要带上书。他以自己藏书、读书、抄书为荣。直到有一天，一位隐士点醒了他。隐士说："书并不等于知识和智慧，书中的言论和思想只能借鉴，要有自己的独立见解，必须勤于思考。所以，读书不是目的。背着书不等于学得知识。学习如何思考，掌握活的智慧才是读书的真谛！"

当今时代，孩子跟书的接触很广泛，学校读书，家里有书，外面有图书馆，有的孩子还上课外班。每天都学，为什么那么多孩子还是脑袋空空呢？只读书，不领会，缺少思考。

思考把自己与外界相连，使人的视线不断地扩展和延伸，达到世界的每个角落。思考帮助人们从对现状做被动的反应，逐渐转化成主动的创造，让人在复杂的细节中不迷失，能够作出清晰的判断和主观的决断。

人与人发展水平上的差距在于思维能力和创新能力。判断一个人思维能力和创新能力的强弱，就看他思考问题的速度、深度、广度以及灵活度如何。

当下，不懂思考或者思考水平低的孩子大有人在。下面的情况，就是例证。

做了3道题，都错了！所犯错误很典型，把眼前的题目当成刚刚做过的某道题，几笔搞定！

一看题目，不会，就向大人求助。

提笔就写,答着答着,感觉不对劲,回头再看题目,题目的要求是写一篇记叙文,而自己写出来的是议论文,跑题。

如果你的孩子经常有这样的行为,那么,就该从现在开始,让孩子丢掉这些坏行为,培养孩子的思考能力!

1. 实现想法

爱思考的孩子想法多,不打断、打击孩子的奇思妙想,支持他们化思维为行动,更能促进孩子的思考能力。

小炜是个想法特别多、爱鼓捣的小男孩。最近一次旅游,他心中出现了一连串的问题:"出门旅游,衣服带多少合适?带多了怕累赘,带少了怕会冷,怎么办?"这样的问题,喜欢旅游的人没少碰到,但没有谁仔细思考过。平时想法特别多的10岁孩子小炜遇到了这样的问题后,便行动了。

在母亲的陪同下,小炜买了夹克衫、书包、拉链及钥匙扣等材料,连夜绘图、测算、加工及缝制。他将衣服的袖子藏起来,拉链拉上,再把衣服的上下封死,同时加上两个背带,他做成了一件神奇的背包御寒两用夹克衫。

2. 讲故事和做习题

家长选择有思考价值的游戏材料,陪着孩子一起游戏,使孩子的手和脑在玩耍中得以充分运用,保障了大脑神经网络系统发育所必需的运动刺激和信息刺激。

最为常用的启发孩子思考的方法就是讲故事和做习题。

讲故事时,讲到一个关口,可以停下来让孩子猜猜接下来会发生什么。故事讲完了,可以让孩子讲一个类似的故事等。

孩子做习题的时候,如果家长觉得有其他的解题方法,可以让孩子试一试。做出来后,可以让孩子比较,哪种方法更简便。

当孩子成功完成一件事情后,家长给孩子做一个假设,问孩子:"如果不这样做,该怎么办?"以此启发孩子进行思考。

3. 提问法

如果你不知道如何启发孩子,不妨学学下面的方法来问孩子问题。

台湾学者陈龙安总结出发问技巧的"十字诀"。这"十字诀"是:假、例、比、替、除、可、想、组、六、类。"假":就是以"假如……"的方式和孩子玩问答游戏。"例":即多举例。"比":比较东西和东西间的异同。"替":让孩子多想想,有什么是可以替代的。"除":用这样的公式启发,"除了……还有……"。"可":可能会怎么样?"想":让孩子想象各种情况。"组":把不同的东西组合在一起会如何?"六":就是"六何"检讨策略,即为何、何人、何时、何事、何处、如何。"类":多和孩子类推各种可能。

学数学，积跬步

让孩子对数学产生兴趣，越早越好。兴趣是觉得有趣，愿意接近的情绪。小孩子，爱上了数数，不停地数苹果、积木、糖块，就是学习的好的开始。

《三字经》曰：一而十，十而百。百而千，千而万。

这句对数字表述的话语，道出了数学的真谛。我国采用十进位算术方法，一到十是基本的数字，然后十个十是一百，十个一百是一千，十个一千是一万……一直变化下去。

关于数学，我们有许多值得骄傲的发现，讲给孩子听听，有利于激发孩子的学习兴趣。中国古代的先贤发现，"一尺之木，日取其半，万世不竭"。这是世界上最早的极限概念。中国古代的数学家祖冲之把圆周率的数值计算到了3.1415926～3.1415927。还有，中国古代田忌赛马的故事，可以说是策论的萌芽。

数学课的重要性，父母不讲，孩子可能不知道。数学是基础科学的基础。这些简单的数目，蕴藏着无穷的能量。数学用最简单的数字符号系统，概括了宇宙的复杂性，使人类彻底更新了自己的生存手段和生存能力。没有对数的研究，人类就无法认识宇宙的规律。科学离不开数学，数学被使用在世界上不同的领域，包括科学、工程、医学和经济学等。

一位先哲所言："一门学科，只有在数学介入之后，才能真正称得上是一门科学。"数学是一门非常有用的学科。求学期间，一个数学学得好的孩子，很容易在别的课程中取得成功，比如物理、化学和生物。数学是基础学科，把数学基础打牢，学习物理、化学等理科学

202

科就不会那么困难了。

由于生活和劳动上的需求,远古的人们开始计数,并由用手指或实物计数发展到用数字计数,后来便有了初等数学,近似于现在的小学数学。培养孩子的数感,可以从认数起步。

孩子一入学,首先就要学数字和方位。一、二、三、四、五、六、七这样的数字,东、南、西、北、中、左、右这样的方位,大、小、多、少这样的比较词,是数学的基础。这个时候,要多领着孩子数数。数什么?吃苹果时,数苹果;玩小汽车时,数小汽车;散步时,数路边树木的棵数。数错不要紧,再来一遍,一遍一遍感受,数感就来了。

古时候的孩子,到了8岁,必须掌握四则运算。现在的孩子,8岁时,基本是在就读小学的二年级、三年级。这个年纪的孩子也应该学四则运算。掌握四则运算的好方法,就是多做这类题目。

有位"高考状元"说,数学就像一个模型,有一定的逻辑思维,也有一定的规律可循。不同的数学题有一定的逻辑关系,它们可能是某一定式的不同变化,在根源和实质上是相通的。掌握了数学的模型和逻辑思维及定式,就会发现,看上去千变万化的数学题都是同一定理的不同变通,找出规律,解答起来就容易了。

培养孩子对数学的兴趣,越早越好。兴趣是觉得有趣,愿意接近的情绪。孩子对数字的感觉,从和数字不断接触开始。

幼小的孩子,语言发展关键期,认知欲望特别强。把每个数字跟具体的物品联系起来,说给孩子听,指给孩子看。比如,1根胡萝卜、2滴水、3块巧克力、4个苹果、5支笔。

吃苹果的时候,妈妈告诉他,这里共有8个苹果,你一次只能吃1个。过了几天,苹果只剩4个,告诉孩子这是4个苹果。妈妈手里拿着2个勺子,告诉孩子这是2个勺子。家所在的小区附近有2所学校,妈妈可以告诉孩子是2所学校,1所小学,1所中学。家里共3口人。

这样的数字与实物相结合,就有了相对的、具体的形象,不断在孩子的生活里出现,孩子就能够记住了。不断地给孩子展示不一样的东西,这次是5样东西,下次是6样,不断地变换。孩子随时随地都可能遇到数字,对数字有了感觉,理解了每个数字代表的意思,学习起来就容易了。

如果孩子上学后,你发现他对数学兴趣不高,学习起来费劲,那么就需要做一些功课,来培养孩子的数感,提高孩子的数学能力。

家长可以和孩子多玩一些数字游戏。比如,填数游戏、博弈游戏、速算、说题等。玩这些游戏时,孩子要运用数学思维方式来思考,甚至会用到加、减、乘、除等运算方法,大大提升数感。

贪多嚼不烂

不管是优秀生,还是后进生,如果想努力一下就考个第一名或者进步几十分,就会加大学习任务,容易出现知识掌握不透、脑力透支的情况。当大脑不能清晰地理解所学知识,运用的时候就会混乱,相当于没有记住。

《弟子规》曰：方读此，勿慕彼，此未终，彼勿起。

在读这本书的时候，就不要想着那本书，这本书没有读完，就不要去读那本书。正所谓，贪多嚼不烂。

急于求成是一种负面情绪，容易引发焦虑和敌意。焦虑情绪容易使大脑神经活动失去平衡、受到抑制，感知力、注意力、记忆力、思维力和创造力全面下降。对学习的敌意会让孩子厌恶学习，不愿意学习，放弃努力。敌意则会引起孩子对优秀生的嫉妒心理，不利于产生友好的情感。

学习知识自有一定的掌握机制，需要消化吸收，一下子学太多，大脑过于疲劳，记忆力、理解力都较差，等于没学。如果学得太少，即使掌握了，总会有一部分该学没有学的内容被落下，会出现知识漏洞。学适当的内容，有条不紊，掌握起来更轻松。

人们常说，书越读越厚。为什么呢？读者在阅读的过程中，不断产生自己的体会、心得、感悟，一本好书遇到一个认真的读者，激发思考、想象，书的内容就仿佛变多了。读一本好书带来的收益相当于10本、20本。囫囵吞枣读了10本书，闭上眼睛，什么都想不起来，不如一本书读10遍。

那么，如何让孩子具有一本书读10遍那样的耐心？

心理学家马尔慈说，人的意识就是一个"服务机制"——一个有目标的电脑系统。孩子心目中追求的形象的清晰程度，就如同一个电脑程序的好坏，直接影响到这一系统运作的结果。当孩子想要做一个学习好、和同学友好相处的学生时，内心会出现一个认真学习、积极参与班级活动、关心同学、被老师表扬的好形象，能够控制随意玩耍的心理需求。

205

由此看来，在学习上给自己一个合理的定位，怀有恰当的期许，目标合理，就会耐心学习，而这恰恰是掌握所学知识的好方法。

当然，当孩子高估了自己的能力时，不要打击孩子，挫伤了孩子的自信心会使得孩子感到无助。孩子之所以会高估自己，是对学习任务的认识不够客观。在这种情况下，提个问题让孩子回答，出几道题目让孩子做做，能帮助他看到自己的真实水平。

目标具有达成性，但不是所有的目标都能实现。目标一定要契合实际。有的孩子制订目标过于缥缈时，实现的可能性就大大降低了。

在妈妈眼里，牛牛很聪明，该是一名优秀生，可是成绩并不理想。为了督促他好好学习，妈妈制订了一个目标，期末考试各科90分以上，奖励一个价值5000元的电子产品。买什么，孩子挑。这么一个大奖，诱惑力很强，牛牛高兴极了！他铆足了劲学习。期末成绩呢？平均80分都没有达到。

牛牛的同桌原本成绩也不理想，一年的时间，成绩却进步不少。他的父母没有好高骛远。父母选择了他各科中成绩最好的一科，鼓励他期末的时候争取达到80分。为了实现目标，这个孩子对这一科目很用心，期末考了85分。下学期，家长又给孩子制订了一个目标，那就是所有科目都要达到90分以上。虽然看似有点困难，但是有了上学期的学习经验，这个孩子继续努力，又实现了目标。

为了保证目标的有效性，订立目标前，搞清楚孩子的学习状况、学习水平、学习能力，优势在哪里，弱势在哪里。发挥优势，补足短板，制订一个详细的计划，目标更容易实现。

我们一定要提示孩子,过高的学习目标容易导致看不到希望,进而动力不足,享受不到成功的喜悦,自信心得不到提升,效果差。如果目标任务过少,不需要花费多大精力就能完成,则削弱了激励水平,对学习的促进作用不强。

学习上会用功

在辅导孩子学习时,家长要放下把成绩差归结于不够聪明的观点,多留意孩子的学习心态、学习方法、学习能力、学习习惯。

《弟子规》曰:宽为限,紧用功,功夫到,滞塞通。

可以把学习的期限放宽一些,但要抓紧时间用功学习,只要努力钻研,不懂的地方就能弄通。

只要功夫深,铁杵磨成针。一些孩子成绩不理想后,就辍学、厌学,非常缺少在学习上钻研的劲头,白白断送了大好前程。

一道数学题,做了半小时,还没解出来,就放弃了,理由:不会。一段课文,背诵了半小时,还没有记住,不背了,理由:太难背,记不住。一本书,读了几页,就扔到一边,不读了,理由:没意思。

这么容易放弃,当然掌握不了知识。坚持一下,情况就会大不一样。

一道数学题,做了半小时,还没解出来,可以看看课本、查查资料,找找解题思路,或者求助父母,或许能解答出来。背诵一段课文,感觉记忆不容易,找找窍门,换个积极的方法,一定能背诵下来。一本书,读了几页,感觉内容比较枯燥,不够吸引人,这时候,坚持读下去,就品出味道来了。

在知识难度一样、智商没有差距的情况下,为什么有的孩子的学习状态一天比一天好,而有的孩子却望学校却步、看见书就头疼呢? 区别在于如何用功,是否做了有用功。

1. 父母带给孩子过大的压力

父母过于看重学习,经常催促孩子用功学习、拿孩子与别人比较,孩子觉得自己落后,想赶上去,可又不得方法,就泄气。

2. 冲动型认知风格

学习过程中,孩子抱着完成任务的心态,做题的时候,容易考虑不周到,犯的错误多,学习效果差。面对这种情况,父母没有找到真正的原因,就怪孩子马虎,不认真。孩子不高兴,故意和父母对着干,成绩越来越差。

3. 贴"笨"的标签

当孩子出现不会做题、记不住、不会写作文等情况的时候,父母给孩子定性为"笨"。父母认为孩子"笨",挫伤了孩子的进取心。不学习,少思考,孩子就会逐渐变"笨"。

婷婷是个乖巧的女孩,从不让父母操心。这个家长眼里的好孩子,心里却很苦恼。那就是,自己的成绩一直不好。上课时听不懂老师讲的内容,不会做作业。妈妈说,婷婷遗传了妈妈的脑结构,脑子笨,不是学习的料,学什么样是什么样吧。既然妈妈都这么认为,婷婷也就灰心了,学习上一点劲头都没有。手里捧了好长时间的课本,连一首小诗都背不会。婷婷觉得自己天生就不是读书的料。

在辅导孩子学习时,家长要放下把成绩差归结于智商的观点,积极寻找主观因素,多留意孩子的学习心态、学习方法、学习能力、学习习惯。

有一名小学时是后进生的女孩,后来考入清华大学。她的基础不好,小学毕业进中学时,成绩还是倒数几名。进高中时,不是考进去的,成绩依然不理想。但她的妈妈没有轻言放弃,而是抱着一定要让女儿考上大学的坚定信念,踏上了对孩子科学而独特的教育之路。

妈妈对孩子的要求不高,只要每次考试前进一名就行。如果能够从倒数第一名前进到倒数第二名,就要提出表扬,热烈庆祝。

在这样看得见、频繁而有序的鼓励下,这名女孩一点点进步。一直到高考前半个月,她进步到了全校前百名。高考的时候,她以全校第一名的优异成绩考入清华大学。

著名教育专家王东华说,没有教不好的孩子,只有不会教的家长。好妈妈都是教育家,当孩子成绩不好时,不急不躁,不急于给孩子的未来下结论。耐心寻找原因,对症下药,帮助孩子赶上去!

如果你的孩子遇到学习困难就皱眉,以不会做题为理由不再学

209

习。告诉孩子,在学习上,只要肯下功夫,困难就可以克服。第一次遇到学习困难,家长可以指导孩子把问题解决了。当孩子解决的问题多了,遇到困难就不会怕了。

孩子上课不注意听讲。先检查一下孩子的思维是否跟得上老师的进度。导致孩子的思维跟不上老师的最主要原因可能是孩子不按时预习和复习,新旧知识衔接不上,使得孩子的思维出现断档。

孩子总是不按时写作业,和孩子一起订个计划,规定好写作业的时间。监督几个月后,孩子养成了按时写作业的习惯,家长就可以放手了。

用本子把问题记录下来

耐心解答孩子的问题,就是在培养一种更高级、更有效的学习方式,有利于提升孩子的学习品质。爱因斯坦说过,提出一个问题往往比解决一个问题更重要。发现问题是解决问题的起点,也是解决问题的归宿。

《弟子规》曰:心有疑,随札记。

在学习的过程中,假如心有疑问,就要随时做好记录。

巴尔扎克说过:"打开一切科学的钥匙毫无异议的是问号。"有了疑问,就要探究,求知欲望强,学习才有主动性、积极性、创造性,才能找到并坚守思维目标,积极思考。

朱熹说:"小有疑处,即便思索,思索比通,即置小册子,逐日抄记,以时省阅,俟归日逐一会理……"这句话的大意是稍有疑问就思考,思考不通就用小本子把问题记下来,找机会请教别人,寻求答案。

约翰·斯图尔特·穆勒是英国著名的人文学者,精通哲学、经济学、政治学、伦理学和逻辑学等很多领域。穆勒的成就很大程度上归功于他有一位学识渊博的父亲——詹姆斯·穆勒。老穆勒非常重视对儿子的教育,他大都是一边忙工作,一边让穆勒坐在自己的桌子旁边学习。

当穆勒学习拉丁语的时候,因为拉丁语是一门很枯燥的语言,穆勒不得不频繁地向父亲请教,常常是一个单词、一个单词地问父亲。穆勒的父亲性格并不是很好,加之忙于著述,常常表现得很急躁。但对于穆勒的提问,父亲总是耐心倾听,从来不感到厌烦;总是鼓励穆勒自己多思考,谈谈自己的看法,然后才给予正确的解答。

穆勒的父亲经常针对穆勒读过的书回答问题,这件事常选择在早饭后父子俩一起散步时来完成。如果穆勒的回答不错,父亲就给予鼓励。如果穆勒的答案有不对的地方,父亲就及时予以纠正,不足的地方当即进行补充。

在穆勒后来所写的《自传》中有这样一段话:"凡是一些想一想就会明白的问题,他决不教我,而是说'你自己想想看'。当我确实想不出来时,父亲在把我问得面红耳赤后,才给我解释。"

古希腊哲学家亚里士多德说过:"思维自疑问和惊奇开始。"在学习上,越是成绩好的孩子,越能提出问题,越是能提出有价值的问题的孩子,对知识的理解更透彻、更准确。

妈妈都希望自己的孩子有优异的学习成绩和理想的学习效果。这正是学习的智能、效能、潜能三方面充分发展、最佳组合，并持续发挥作用的结果。学习品质包括学习的智能因素、学习的效能因素和学习的潜能因素三个层面。这三大方面素质组成一个金字塔形，构成学习品质的基本框架，制约着学生的学习行为和学习结果。不断地产生疑问，提升了思维品质、学习态度，开发了学习潜能。

学习的过程中会不断产生问题，疑问是针对相关知识点的必要思考，有助于把新知识纳入旧有的知识体系中。如何对待疑问，决定了学习品质。会学习的孩子重视大脑里闪现的每一个疑问。

听课、做题的时候，有疑问，立刻写下来。这样，思维的火花转瞬即逝后，还能拾起问题继续思考。

有了问题以后，有的孩子通过细致、周密的思考，自己就解决了。实在解决不了的，会向人请教。妈妈往往是第一被求助人。千万不要认为孩子麻烦，更不要答案对了就不管了，耐心解答孩子的问题，就是对孩子最大的鼓励。爱因斯坦说过，提出一个问题往往比解决一个问题更重要。发现问题是解决问题的起点，也是解决问题的归宿。

课堂上或者阅读过程中，有弄不明白的问题，或者脑子里闪现了一个想法，快速记录下来，等待课后静心思考，或者向老师和同学求助。这个过程能够大大提升学习品质。

给孩子准备问题本，规定一天记录3个以上跟当天所学知识有关的问题，一起讨论，对孩子很有激励作用。过后，翻开看看，相当于一次快速的复习！

善于求助，不搜索答案

有的孩子遇到不懂的知识点，会向人求助，同学、老师、父母都是"老师"。

《弟子规》曰：就人问，求确义。

如果有不懂的地方，就要随时向别人请教，以求得准确的意义。这正是求知的精髓。身边没有人可以求助的时候，就查阅资料，以解决问题。

孔子说："三人行，必有吾师。"我国著名教育家陶行知说："发明千千万，起点是一问。禽兽不如人，过在不会问。"问，是学习的重要方法，可以解决难题，加深记忆，搞懂知识点。

一些成绩好的孩子，遇到不会的题目，宁肯自己窝在房间看个把小时，也不向他人求助，觉得丢脸，张不开嘴。这样的孩子，看似骄傲，实则缺乏自信，不敢把不会的知识呈现出来。

一次考试后，妈妈发现很多知识点萌萌根本就不会！问女儿："为什么不向老师或同学请教呢？问父母也可以啊。"萌萌说："那样，大家就都知道我不会了，很难为情。如果别人给讲了，我还是不会，人家就会觉得我很笨。"妈妈说："不会有什么丢人的！最终学会了不就可以了吗？"

谁都有不懂的时候，不懂就问不但不丢人，还让人佩服呢。问清楚之后，不就会了吗？孔子说："知之为知之，不知为不知。"不懂装懂，永远不会，最终成为后进生。同学、老师眼中的后进生，爱问问题的优秀生，哪个更让人佩服呢？

还有一些孩子,他们动不动就问别人,看答案。遇到问题,自己下功夫钻研当然好,搞不懂的时候向他人请教,也很好。一遇到难题就缴械投降,在没有充分思考的基础上听别人讲,印象不深刻,理解起来难度也不小。

动不动就求助的孩子,比较缺乏自信。问妈妈的时候,妈妈可以搪塞一下,正忙着呢。这道题难度不大,你先好好想一想,想十分钟,或许就能做出来。做出来后,告诉孩子,要对自己充满信心,不要动不动就求助。少求助,自己做,在这个过程中,自信心就提升了。

怎么都不求助的孩子,如果成绩很差,也可能缺乏自信。鼓励他们提问,改变他们心中那个"问了也不会,会一道也是成绩差"的错误观念。孩子树立起"会一道多一道,累积起来,就没有几道不会"的正确观念,学习劲头就能调动起来。

老师很忙,不要动不动就问老师。在向老师提问前,最好问问身边的同学。同学能够解答,会方便地把问题解决。如果同学也不会,可以通过讨论,搞清楚大家卡在了哪个知识点上。老师讲的时候,可以面向更多的同学。要做好准备,求助的时候不要笼统地说哪里不懂、哪道题不会做,而是找到不懂的内容,请求老师帮助解答不懂的知识点和问题。

同学之间互相讨论能够互相促进。你向我请教,我向你请教,你帮助我,我帮助你。在这个过程中,启智、激发,每个人都巩固了知识,加深了友谊。

但是,有的孩子并不屑于向人请教。他们觉得,网络那么发达,输入题目,答案就出来,何必浪费时间和精力与大家讨论呢?

搜索答案虽然方便，但是弱化了孩子独立思考和解决问题的能力。一搜索，参考答案、解题步骤一目了然地呈现出来。如果学生照搬到作业本上，达到了完成作业的目的，但这是赤裸裸的抄袭。长期这么做，不但不利于掌握知识，还会弱化孩子的解题能力，更谈不上提升发散性思维。

解题是个思考的过程，绞尽脑汁、峰回路转后的快乐会使求知欲大增。如果直接照搬答案，就不需要独立思考了，所学知识得不到应用就不会应用，时间久了就会忘记。即使记得住，因为没有应用经验，也不会做题。

要想学习进步，多和同学讨论、交流，不要动不动就去网络上搜索答案。大家讨论后，没有办法定夺时，可以去网络上搜索一下参考答案，来验证一下。

最快的进步：循序渐进

学习是个循序渐进的过程。不断学习的过程中，知识不断增加，理解能力不断增强，学习方法会越来越适合！

《三字经》曰：为学者，必有初。小学终，至四书。

在学习的过程中，求学的初期打好基础，把《小学》的知识学透了，才可以读"四书"。

知识是智能的基础，记忆是思维的基础。掌握基础知识，思维才能纵横驰骋。

在谈论孩子学习成绩的时候,有一些家长会说,考了80多分、90多分,错的都是简单的、基础的题目,气死我了! 跟孩子强调了多少次,要仔细,不能马虎,审清楚题目再做题,就是不听! 这样的孩子该怎么管呢?

当孩子做简单的题目出错时,家长就认定是孩子不够仔细、马虎,才丢了分。这样的错误认识只会导致孩子提分很难。这样的孩子在家长眼里就是屡教不改。事实上,孩子总是在简单的题目上丢分,根本原因是基础知识掌握得不牢固。孩子基本功不扎实,想取得好成绩是有难度的。

小学四年级,学习四则运算,可23 + 79 − 19这道题目,有很多孩子可能会算错。算错的原因有两个,第一,加减运算掌握不够熟练;第二,结合律掌握不够熟练。这些都是基础知识。基础知识熟练掌握了,即使因为笔误或者粗心算错了,检查的时候也能看出错误,及时更正。

妈妈嘴上说,不仔细,错的都是简单的题目,难题倒是写对了,私下有包容孩子之心。让人觉得,我的孩子不笨,难题都解对了。分数不高,是简单的题目丢分了。如果找不到正确的解决方法及早改变现状,简单的、难的题目,都解决不了。

抓紧时间,监督孩子,把概念、定理背得滚瓜烂熟,课本题目做熟练、准确! 检查一次,顺利通过,才算熟练掌握。

不管你多么想让孩子成为尖子生,能够快速拿下难题,然而掌握基础知识是根本。人类对知识的接受规律就是从易到难,从基础到综合,再到拔高。只有一点一滴积累知识,才能扎扎实实打下良好的基础,直到达到更高深的知识层次。

古人学习的顺序是先《小学》,而后是《孝经》、四书、六经、子、史。课程设计契合孩子的思维特点,小学低年级,认知的形象性、具体性较强,课程内容设计大都直观、生动、形象,死记硬背就能记熟。随着孩子逻辑思维的逐步发展,知识的逻辑性、概括性增强,要在低年级所学知识特别熟练的基础上思维、运算。

升入中学后,基础知识范畴变得更广泛,理科类包括基本概念、基本理论、基本运算;文科类包括字音、字形、字义,词语辨析,标点符号,成语使用,病句辨析及修改,句子的清晰、连贯、得体和修辞,古诗文默写,浅显文言文的阅读和翻译等。知识点虽然不多,但也要熟练掌握。

当孩子不重视基础知识的时候,父母要想办法改变。

当下,一些孩子很烦写字,朝朝就是其中的一个。要搞定朝朝,妈妈觉得很难。为什么呢? 他写得一手好童话,能挣稿费。朝朝有理由搪塞妈妈:"我写童话赚钱了,不会写字很重要吗? 会用键盘敲就行了。"

唠叨、强制写字,都不管用。妈妈找到一篇著名童话作家的作品,让儿子朗读。儿子说:"语言好美啊!"妈妈指着几个词说:"你讲讲什么意思。"儿子讲不出来。妈妈说:"你用键盘敲出来也行。"儿子也敲不出来。

妈妈说:"你喜欢写故事,如果词库里不补充新的字和词,会不会有影响?"朝朝有些沉默。妈妈当然明白,就这么命令骄傲的儿子重视字和词的记忆,效果不见得好。

妈妈跟儿子商量:"我每天给你出20个看拼音写字,都是你作业本上写错的,还有就是课本上有的。你会写、能说出是什么意思,就可以了。"儿子点头。

一个月下来,儿子进步不小,他告诉妈妈:"以后不用您出题了,我自己好好学,您只要抽查就好了!"妈妈见儿子重视写字了,顺着儿子的心意说:"妈妈相信你,不用检查了! 只要你好好学,就可以了!"

第八章　生活小规矩，未来大自由

　　不讲卫生,很容易生病;把东西到处乱放,生活无序,不可能不乱成一团;忙到不读书,精神世界会很空虚……如果从小讲卫生、摆放物品井然有序、爱读书,形成守规矩的好习惯,不但生活品质高,还不会被低级趣味俘获!

篆书　百岁千秋(书写:陈彦霖)

讲卫生从养成洗手的习惯开始

做到讲卫生、勤洗手，看似小事，却预示着一个人有着怎样的卫生习惯，对待生命的态度是什么样的。

《弟子规》曰：晨必盥，兼漱口。便溺回，辄净手。

早晨起床后必须洗脸洗手，并且要刷牙漱口。每次大小便之后，就把手洗干净。

讲卫生是文明社会的重要标志。积极的、健康的、先进的行为方式，才称得上文明。

美国科罗拉多大学博尔德分校的一个研究小组发现，每个人每只手上大约有150种细菌。另有研究表明，一双未洗过的手上，最多约有80万个细菌！

就算手上的每一个细菌都是人类的敌人，也不用恐慌。研究表明，仅仅是用清水和肥皂洗手，皮肤疱疮的发病率就可以降低34%，腹泻的发病率可以降低53%，肺炎的发病率可以降低50%。而容易在小孩子间传播的手足口病，发病率也会大大降低。

每天跟在宝宝后面，监督他洗手，看着他不碰垃圾，通过科学的方式，让孩子了解手上有什么。宝宝天天玩耍，手上会沾上肉眼看不到的细菌，不洗手的话，细菌吃进肚子里，会生病。孩子都不愿意打针、吃药，把洗手与细菌、生病、吃药、打针等联系起来，孩子会服从、重视。大脑里有卫生意识，就能够积极、主动地屏蔽不洁之物。

几个孩子一起玩，看到一只腿有点瘸的小狗狗。大家围了过去，伸手要逗逗它。边上的一个家长当即喝止："它身上有味道，很难闻，一定是好久没洗澡了！皮毛里可能有致病原微生物和寄生虫。最好别动它！"

良好的卫生意识来自于从小讲卫生的行为习惯。生活中讲卫生的行为都是小行为，但关系着大健康。

每天刷牙，洗脸，洗脚；饭前便后洗手；注意经常更换衣服和洗澡；春捂秋冻，随时增减衣物；要经常换内衣内裤；洗过的衣服要在阳光下晾晒。

在公共场合，不要随地吐痰，可以吐在纸上，先拿在手上，找到垃圾箱后再丢进去；打喷嚏要用手绢或纸巾挡住；勤洗头发，勤剪指甲，勤洗澡。注意用眼卫生，不要躺着看书，不要在灯光昏暗的地方写字。

多渴都不能喝生水，里面可能有致病的微生物，应喝煮沸过的水，饮料少喝，冰淇淋少吃。吃水果的时候，一定要把水果洗干净。在外边吃饭的时候，尽量选择卫生条件有保障的餐馆。

要定期做居室大扫除，平时注意保洁。无论什么季节，都要做好室内通风和室内保湿。保持室内卫生与通风，夏天尽量少开空调。即使开空调，也不要时间过长、温度过低。冬季天冷，保证每天通风一小时以上。

碗筷勤消毒，每天吃完饭都要洗碗。家长不但要自己做到，也要让孩子养成吃完饭洗碗的习惯。房间要每天收拾，防止灰尘堆积滋生病菌。

排便过后，冲马桶，盖上盖子可以防止细菌飞溅。洗漱用品不要放在卫生间里，洗完的衣服也不要放在卫生间里，以防止感染霉菌。

父母如果讲卫生,孩子耳濡目染,也会爱干净。父母不注意清洁,孩子难以爱干净。

在晓泽的意识里,就没有卫生概念。他常吃街边摊,去卫生间后很少洗手,吃水果不削皮。

虽然学校里很注重卫生教育,但是晓泽不在意。爸爸吃水果从来就没有洗过,拿起来往身上蹭蹭就吃。他有个很理直气壮的理由,不干不净,吃了没病!妈妈呢,常常把衣服堆得家里到处都是。最不合理的是,为了省事,妈妈每次做饭都要做很多,常常吃剩饭。

那天,晓泽和同学踢足球回来,饿得不行,遇到路边小摊,就坐了下来。凳子上和桌子上满是油污。老板的一双手,一会儿接钱,一会儿包馄饨,一会儿拿抹布擦桌子。同学见了,摇着头走了。

晓泽没觉得不卫生,一大碗吃了下去。晚上,不卫生的馄饨发力,晓泽肚子疼得忍不住!赶到医院,一检查,急性肠胃炎,应该是因为吃了不卫生的食物。输液一周,晓泽才康复。

从整理玩具开始,做收纳小达人

现在的孩子玩具太多了,如果不培养孩子整理物品的能力,孩子就会把玩具到处乱放。家里玩具满地,孩子想要玩哪一个,却找不到。

《弟子规》曰：置冠服，有定位，勿乱顿，致污秽。房室清，墙壁净，几案洁，笔砚正。墨磨偏，心不端，字不敬，心先病。列典籍，有定处，读看毕，还原处。虽有急，卷束齐，有缺坏，就补之。

脱下来的帽子和衣服，应放置在一个固定的位置，不可以随便乱扔，免得弄脏。书房里一定要收拾得干干净净，墙壁必须保持干净。书桌要做到整洁，笔砚要放得端正。若把墨磨偏了，说明学习时心不在焉。字写得很潦草，不整齐，说明注意力不够集中。摆放典籍，要有固定的地方。读完一本书后，必须把书放回原来的地方。就算有急事不看书了，也必须把书本整理好。假如书本有缺损，应该修补完整。

这是多么井然有序的生活习惯啊！在这样的环境中长大的孩子，即便他乱放了物品，自己也能整理好！

生活中，总有那么一些人能够快速找到自己的物品；也总有那么一些人，早晨起床，光着脚丫满屋子跑，就是找不到袜子。出门办事找不到证件，上课写字找不到笔。这样的人实在不少！妈妈当然希望自己的孩子做事井井有条，效率高。

很多孩子书包里的玩具、书籍乱成一团，作业本找不到是常有的事。如此缺乏条理，父母的教育一定有缺失。

如果不引导孩子培养整理物品的能力，孩子就会到处乱放物品，用的时候找不到。这样的坏习惯养成后，孩子的学习生活就会呈现一团糟的状态，气质、形象和生活品质大打折扣！

君君13岁了。妈妈这样描述儿子的房间，推开儿子房间的门，迎面见到的是蒙了灰尘的电吉他，吉他周围是东倒西歪贴在墙上的明星画像。电脑桌上，堆满了光盘和书，坐在电脑前，都看不到电脑显示器。再看看那张床，几件背心和几条运动裤胡乱地堆在枕头上、被子上，不知道哪件是干净的，哪件是脏的。地上的纸团一个接一个，妈妈扫出了一簸箕。妈妈叹气，说了很多遍，还是这样乱。

从入学那一天起，就给孩子准备好书柜、学习桌椅等学习用品。书籍整齐地摆放在书柜里；笔、橡皮擦等文具，一定要放进文具盒里；写字桌上，除了笔筒等占空间少的几样东西，不要放大量的书本、玩具、零食等。每次学习结束，就收拾干净，不留纸屑、废弃笔芯等。

不要觉得宝宝年纪小，自己整理玩具、小衣服是一件痛苦的事情，也不要觉得做妈妈的太残忍。小宝宝的能量需要消耗，所以很好动，引导他有目的地行动，就不会捣乱，他在品尝到做事情的满足感后，就会喜欢做事情。以后，做事情的动力更强。

从娟娟两三岁开始，妈妈就告诉她用完了东西要放回原处，这样再用的时候很快就能找到。现在娟娟上学了，剪刀用完了放回剪刀箱里，橡皮泥玩完了放到学习用品箱里，乒乓球放到体育用品柜里，脱了鞋放到鞋柜里，脱了衣服挂到衣服架上……因而，娟娟的家里从来就没有出现过乱糟糟的情况，娟娟也从没有因为找不到东西而着急过。

可是，自从奶奶来到家里，家里就变样了。奶奶和娟娟住一个房间，奶奶没有往衣服架上挂衣服的习惯，而是到处扔。

那天，妈妈去送娟娟上学。快到校门口时，娟娟慌张地说："坏了，坏了。"妈妈吓了一跳，忙问她怎么了。娟娟紧张地说："忘记戴

225

红领巾了。今天是星期一,全校要举行升国旗仪式,一定要戴红领巾呀!"妈妈看时间还早,让娟娟在校门口等候,自己回家去拿。结果,从奶奶的上衣下面找了出来。

从那以后,奶奶脱下的衣服,娟娟都会拿起来挂到衣服架上,需要洗的就放到洗衣机里。看到孙女这么懂事,奶奶每天也习惯了把衣服挂到衣服架上去。

两三岁的时候,孩子的物权意识萌发,有了自我管理的意识。对他们说自己的事情要自己做。那么,该怎么做呢?第一时间告诉他们,脱下的衣服放到衣柜里挂好,换下的袜子放到洗衣篮里,喝完水的杯子放到柜子里。这样很契合孩子内在的秩序感。

宝宝翻天覆地地玩过后,沙发上、地上、床上,到处都是玩具,让宝宝自己整理,是个大工程!他顶多收拾一两件就没了兴致。妈妈和宝宝一起收拾,合理搭配,谁都不累!

"来,宝贝,咱们一起整理房间。你是玩具的小主人,妈妈整理房间,宝宝负责把玩具放到筐里。"拍下照片,好记得家里有多乱。说干就干,孩子干得很起劲。收拾好后,再拍一张照片。两张照片都放到网上,注明:玩具小主人工作成果展示!

整理物品不是简单的事,需要在不断的历练中找到窍门,给孩子机会,他就能成长为收纳小达人!长大以后,可以把更复杂的任务交给孩子,让他独立完成。

不做"名牌控"

如果孩子只看重名牌,眼里没有名牌以外的物品,甚至非名牌衣服不穿,非名牌食品不吃,那么,孩子可能不自觉地陷入只追逐外在奢华,不考虑个人需要、物品性价比等不良习气里。这样,孩子会失去生命最本真的内容,会变得虚荣、浮夸。

> 《弟子规》曰:衣贵洁,不贵华,上循分,下称家。

衣服贵在整洁,而不在于华丽。在见尊长时穿的衣服必须要符合自己的身份,平时在家穿的衣服也要符合自己的家境状况。

穿衣打扮能体现个体修养。一般家庭的孩子件件衣服是名牌,富贵家庭的孩子穿得脏兮兮,都不算得体的着装。

1. 穿衣符合身份

穿衣打扮符合身份。怎么叫符合身份?不追求名牌,干净利落,符合场合,是基本的着装修养。漂亮的衣服赏心悦目,可以提升一个人的气质。服饰是一个人精神面貌的体现,家长在打扮孩子时,应以自然、朴素、大方、美观为原则,不一定非要名牌,但是一定要适合孩子的年龄、身材。穿出个性就是很好的审美。穿什么价位的衣服,要根据经济状况来定。

独生子女容易以自我为中心,日常行为不考虑父母的承受力,有的孩子与人攀比、爱慕虚荣,追逐高消费。针对这样的情况,家长要让孩子了解家里的经济状况。

小言的父母都是企业高管,家里消费水平向来不低,生活很有品质，但是，并不奢华。为了不让孩子沾染奢侈的坏习惯，父母把孩子带到公司。看着父母一刻不停地忙碌，小言体会到了父母赚钱有多么不容易。我们在办公室工作的家长，如果颈椎不好，跟孩子说说有多么不舒服；干体力活的家长，跟孩子说说炎热的夏天搬重物，浑身是汗，热得喘不上气来的感觉。孩子了解父母的辛苦后，就知道节俭了。

当孩子充分了解到家里的经济状况后，父母偶尔给孩子买一件名牌用品，特殊的待遇会让孩子喜不自胜，会以自己的努力报答父母特别的关爱。

2. 父母理智消费

父母理智消费，做孩子的表率。孩子小的时候，身体娇贵，皮肤细嫩，为了减少病菌的侵袭，给孩子买优质的食物和用品是应该的。从这个角度来说，大品牌更可靠。

不过，只看重名牌，眼里没有名牌以外的物品，甚至非名牌的衣服不穿，非名牌的食品不吃，这样是不可取的。

豆豆生长在富裕家庭，从小高档的消费习惯养成了豆豆极高的"鉴赏力"。豆豆虽然只是一名小学生，但是对于名牌产品如数家珍。

3岁的时候，豆豆让奶奶给他买羽绒服，要什么"米奇牌"，奶奶不太了解，便说："这我可记不住！让你妈妈给你买吧！"

某品牌的扒鸡是豆豆所在城市的熟食中的名牌。豆豆从小就喜欢吃这个品牌的扒鸡，别的品牌的扒鸡一口都不吃。

有一天晚饭，菜都炒好了，豆豆嚷嚷着要吃扒鸡。姥姥从冰箱里取出一只熟鸡,切好后端到了餐桌上。全家人吃过后,都说味道不错!只有豆豆尝了一口,说:"这不是我爱的那种!我不吃!"

第二天,姥姥特意去了趟超市,给豆豆买回一只扒鸡解馋。

有的家长看到别人家的孩子吃名牌、穿名牌,自己的孩子消费很普通,心里不舒服。于是,打肿脸充胖子,宁可大人勒紧腰带,也要让孩子高消费。这是一种特别失败的教育方法,容易给孩子养成虚荣、不务实的坏毛病。

教育专家认为,在经济条件允许的情况下,家长给孩子买高档商品的心理,衍生了孩子的高档消费现象。但是,如果孩子对于商品的选择不是出于质量考虑,而是认为贵的、大品牌的就是好的,就比较离谱了。

3. 避免孩子和同学攀比

孩子的消费意识很容易受同龄人影响,进而出现攀比现象。物质上的攀比会弱化孩子精神上的追求,切不可太纵容孩子。

沃尔顿是世界著名物理学家,诺贝尔奖的获得者。他取得的成就,主要得益于母亲的教诲。

沃尔顿的母亲出身贵族,修养非常好,她和其他受孩子尊敬的母亲一样,为人慈祥可亲、知识广博。她虽然非常疼爱孩子,但从不娇惯孩子,要求孩子好好学习,拥有良好的品德。

沃尔顿12岁那年,转入一所教会学校学习。从沃尔顿进入教会学校上学的第一天起,母亲就开始观察孩子的表现。沃尔顿结交了一些不大爱学习的富家子弟。这些富家子弟,由于家世显赫,经济条件优越,在学校肆意玩耍,学习上毫不用心。为了把沃尔顿引向正路,她再次决定让沃尔顿转学。

不久,沃尔顿转到了另一所学校。这所管理有序的学校里弥漫着浓郁的学习氛围。沃尔顿的学习兴趣空前高涨,在母亲悉心指导和耐心教育下,学习成绩很快就提高了。

当孩子提出过高的物质要求,家长不妨对孩子说:"过一段时间吧,现在妈妈的钱并不充裕,还想给你买书呢,还要准备给你的爷爷过生日呢!"

养成良好的饮食习惯,不挑食

孩子想吃什么就给孩子什么,容易导致孩子形成挑食、偏食的坏习惯。如果把食物做得孩子喜欢吃,营养全面,那么更利于孩子的成长。所以,应该用心做好食物。

《弟子规》曰:对饮食,勿拣择,食适可,勿过则。

吃饭不可以挑挑拣拣,吃饭的时候必须适可而止,不要超过平时的饭量。看到这里,很多家长心里该叫苦了。自家孩子正好相反,吃饭挑挑拣拣,喜欢吃的吃起来没完,不喜欢吃的宁可饿着也不吃。

合理的饮食能培养出健康的人,吃饭不好,身体需要的各种营养供给不足,或者供给过量,影响健康。

改变孩子不好好吃饭的习惯，往往需要一位蕙质兰心的妈妈无私付出，好久才见效果。

蕊蕊吃饭的时候，不能集中注意力，总是东瞅西瞅，乱抓乱推。妈妈就想办法让食物吸引孩子的注意力。妈妈把鸡蛋做成太阳的形状，放在白盘子中，然后搭配上豌豆荚或菜叶，再用番茄片做成花，取名"太阳花"。吃饭的时候，妈妈问女儿："宝贝，先吃叶子还是先吃花呀？""你吃'太阳花'的哪部分呢？"女儿当然哪部分都愿意尝尝。于是，妈妈给她讲："绿色的叶子可以提供很多维生素，让宝贝更漂亮，少生病；'蛋花花'供给蛋白质，让宝贝身体更好；红红的'番茄花花'提供番茄红素，让宝贝皮肤白皙。"这样，女儿吃起来很开心。

妈妈常常把胡萝卜切成薄片，修成花朵的形状，和甜玉米粒一起，放在米饭的表面蒸熟，女儿就愿意把"花朵"吃下去。把面食做成动物的形状，把米饭做成三角形的饭团，顶上缀些海苔丝和火腿丝，把煮鸡蛋切成环状的薄片。这些充满童趣的食物令孩子食欲大增。

这位妈妈考虑到孩子的食量小，把食物切得小一点，适合孩子食用，然后放到漂亮的餐具上。孩子很快被这些新鲜的食物吸引，吃起来也有滋味。

要想孩子不挑食，妈妈的饮食态度不光表现在厨房里为孩子操持营养可口的饭菜，餐桌上还要有好的表现。妈妈不要在饭桌上说自己喜欢吃哪个菜，更不要只吃某一个菜。即便和闺蜜聊天，只要孩子在场，也不要谈论喜欢吃什么、不喜欢吃什么。鼓励孩子吃菜的时候，最好不要说这个菜好吃，那个菜不好吃，而要说这个菜有什

231

么营养,那个菜有什么营养。在孩子眼里,食物都是一样的有营养,就不会挑挑拣拣了。

孩子喜欢什么味道,所做菜肴就贴近什么味道,不要过咸或过甜。举个例子,孩子喜欢吃番茄的味道,就可以用番茄来拯救那些有特别味道的食材。比如,炒花菜、拌木耳时,放入一些番茄,有喜欢的味道,孩子会很喜欢吃。

家里的饭菜多么讲究,都不能抑制孩子对零食和餐馆的热情。为了让孩子填饱肚子,哄他高兴,表达父母的爱意,很多父母情不自禁地给孩子买来很多零食,或者带孩子去外边吃。添加了各种适合孩子味蕾的人造调味料的食物,自然比家里的饭菜更能刺激孩子的食欲,孩子会喜欢得不得了。

要孩子迷恋家的味道,一般要克服他年幼时期对餐馆味道的迷恋。这段时间正是孩子长身体的时候,吃多了各种调味料当然不好!

不断长大的过程中,孩子需要知道含糖过多的食品,会使得身体肥胖;过咸的食物会增加心脏和肾脏的负担;碳酸饮料影响身体对钙质的吸收;一些食品还可能添加有害物质,诱发癌症等。知其利害,孩子才会抵制。

父母给孩子买零食,带孩子去外边吃饭,一开始就要有个规划。比如,每个月一次。不能准时开饭的时候,饭前不能吃零食,准备一些孩子喜欢的水果和坚果当零食,以备孩子饿了吃。

食品安全事件不断发生,为了不让孩子把有毒食物吃进肚子里,妈妈们没有精力去辨别哪些零食是健康的,就对零食通通枪毙,都不给宝宝买。这么做最直接的后果就是激发了孩子对零食的渴望情绪,孩子一旦得到零食,就会疯狂地摄入。

邻居家的一个男孩,8岁了,平时家里不买零食。去同学家玩后,品尝到各种味道的牛肉干、豆腐干、干脆面、怪味豆后,一发不可收拾,每天都要偷偷地买几袋享用。妈妈收拾房间,翻出了很多空袋子,很生气。

与其管得过死留下后患,不如给孩子买各种健康的零食,比如,全麦面包、全麦饼干、水果、各类干果等。为了不让零食影响孩子的食欲,可以规定饭前不让孩子吃零食。这样,既满足了孩子对零食的渴望,也没有吃下不健康的食品。

不发展孩子的"酒欲"

孩子正处于生长发育阶段,各脏器功能还不是很完善,对酒精的代谢解毒能力很低。一旦饮酒,对肌体的损害就会更加严重。即使喝得少,孩子的注意力、记忆力也会有所下降,思维速度将变得迟缓,严重的会导致智力大滑坡。

《弟子规》曰:年方少,勿饮酒,饮酒醉,最为丑。

这句话的大致意思是,在自己年纪小的时候,千万不要喝酒,如果喝醉了,就会因为丑态百出而丢脸。

很多孩子喝酒上瘾是在长辈的挑逗下开始的! 小孩子,很可爱,大人觉得很好玩,嚷嚷着给他喝一口,来一杯,哈哈一笑,助了大人的酒兴。渴望被关注的孩子因为喝酒成为大人的关注点,见到大人端杯就凑过来喝上几口，大人不制止，久而久之，喝上了瘾。

一名9岁的小"酒仙"，只要有人让他喝酒，不论什么酒，端起来就下肚，颇有点"千杯不醉"的味道。原来，在亲友聚会时，家长为了逗乐，让其敬酒或陪大人喝。孩子渐渐对酒成瘾，出现头痛的症状，被送入医院。

酒精到底对孩子的伤害有多大？成年人要告诉孩子，他们才能明白。

酒精进入人体内主要由肝脏进行解毒，最终代谢产物为二氧化碳及水，对肌体不能提供任何营养成分。一旦饮酒过量，不但对肝、肾造成损害，还影响脑细胞代谢。

孩子正处于生长发育阶段，各脏器功能还不是很完善，对酒精的代谢解毒能力很低。一旦饮酒，对肌体的损害就会更加严重。即使喝得少，孩子的注意力、记忆力也会有所下降，思维速度将变得迟缓，严重的会导致智力大滑坡。

在孩子小的时候，最好对照图片给孩子讲解这些知识，形象、生动，容易明白，孩子也愿意听，获得的认识更深刻。

很多长大后嗜酒的人，都是从小的时候就开始饮酒，父母不管不顾，慢慢上瘾。小时候刹住车，脑子有根拒绝酒精的弦，长大后自然能把握住饮酒的分寸。

阳阳在爷爷的寿宴上，看到叔叔伯伯们端着酒杯互相敬酒，觉得挺新鲜，就嚷嚷着也要喝酒。

大伯说："你是小孩，不能喝酒。"

阳阳不依不饶："大人能喝，小孩为什么不能喝？"

小叔叔起哄："能喝！这酒可甜了！一杯下去，舒服！"

小叔叔的话解除了禁令。阳阳伸手去拿酒杯。奶奶顺手倒了一杯白开水哄他。阳阳尝了一口，放声大哭："这不是酒，是白开水！你们骗人……"他开始哭。

妈妈给儿子倒上半杯高度白酒，儿子满意地尝了一口，小脸马上皱成一团，眼泪都辣了出来，不停地咳嗽，酒杯也不要了。妈妈把酒杯推到儿子面前，说："白酒好喝吗？还要不要来一口？"阳阳的小脑袋摇得似拨浪鼓。

妈妈说："这里面有酒精，小朋友喝了会变傻！以后不许再吵着喝！"儿子懂事地点点头。

孩子喝酒上瘾大都受家庭里某个成员的影响。

儿童心理学家露西娅·波萨达说，如果父母中有一人酗酒，他们的儿子饮酒成瘾的可能性为34%。如果父母都酗酒，儿子饮酒成瘾的可能性就达到100%。孩子在成长的过程中，总是不自觉地模仿父母的做法。嗜酒的人家里最不缺少的就是酒，信手拈来喝过一次后，下一次也很容易。

有个嗜酒的父亲为培养儿子的酒量，每顿饭都会给3岁的儿子喝一点儿酒。半年后，孩子喝酒上了瘾，顿顿要喝酒，并且酒量越来越大，喝到小酒杯三分之一的酒。只是，这个孩子明显出现注意力不集中等症状。

孩子都有超越父母、为父母争光的心理，父母的切身体会能够触动孩子的内心,激发他的上进心。

青春期是孩子心理的波动期,遇到被同学误会、考试成绩下降、输掉了某场球赛等不开心的事件后,在情感上没有获得慰藉,会借酒消愁,甚至做出失去理智的事情。对于青春期的孩子,父母更要尽早提醒,不可以在外边喝酒,更不能醉酒。

一旦孩子喝酒,家长一定不要审问、教训孩子,那样导致的逆反心理会使得孩子故伎重施。及时与孩子沟通,解开其心中的疙瘩,孩子才不会借酒消愁。

不"贪便宜",不"霸占"

父母是孩子行为的最初引导者。父母划清和别人的财务界限,在孩子的物权意识里早早地建立起你的、我的,等价交换,我的东西我做主,别人的东西不能拿等概念,孩子的行为里就不会出现"贪""占""抠"等字眼。

> 《弟子规》曰:用人物,须明求,倘不问,即为偷。借人物,及时还,后有急,借不难。

在使用别人东西的时候,一定要明确地提出请求,征得人家同意。如果不问一声就拿走,就是偷窃行为。借别人的东西,必须在规定的时间内归还。这样以后若有急用,再借就不难了。

1. 分清你的、我的

孩子小的时候,父母都会告诉他,别人的玩具不能拿,那是别人的,你如果喜欢,可以向对方借来玩一会儿,或者拿自己的玩具和对方交换着玩。还给人家的时候,要说"谢谢"。

生活在这个世界上,每个人都要有明确的物权意识,才能有分寸地与他人交往。心中有杆秤,看住自己的东西不被侵犯,不无礼地侵占别人的利益。这是自我管理的基础,也是做人的基本底线。能经受住物欲考验的孩子,才能健康成长。

曾经看过一本绘本《这不是我的帽子》。一条小鱼偷了大鱼的帽子,帽子的主人可能不会发现,因为它睡着了。"就算发现了,也不会知道是我偷的;就算知道是我偷的,它也不会找到我……"小鱼这样想着。大鱼真的找不到小鱼吗?真的不会知道是小鱼偷了它的帽子吗?当然不是。这只是小鱼自己的想法。

孩子小的时候,思维处于自我中心阶段。拿了别人的东西,孩子会编出一些谎言来糊弄父母,以逃避惩罚。那些蠢萌的话语简直要融化大人的心,使大人不忍心惩罚孩子。

从道德发展的阶段来看,7岁前的孩子还不具备以是否符合道德标准来作为判断行为能否进行的标准,物权意识没有上升到道德层面。这时,要规范孩子的行为,才能避免以后的不道德行为。

2. 满足孩子的需要

有一些孩子,耳濡目染了家长的抠门、占便宜行径,自然而然地就把口袋捂得特别严实。你玩他的玩具不行,吃他的点心也不行。在家里,需要得不到满足,好奇心强,看到别人的东西,很眼馋。小孩子的自控力差。当然,就不自觉地拿了。这样的孩子的妈妈,需要自我反省,不满足孩子的需要容易导致其心理出现缺失感,缺失感导致孩子的人格畸形,长大后可能出现嗜吃、偷盗、嗜酒等情况。

家长独立、自足,不在别人面前哭穷,与人的物质交往不抠门,合理、适度地满足孩子吃的、穿的、玩的等方面的需要,在圈子里很有尊严,孩子也不会出现负面的情况。一个不擅长过日子,动不动就借钱的妈妈,以自己的行动告诉孩子,借钱是平常事。如果借了钱不及时还款,别人催了还恼火,孩子就会以为借钱不还不丢人。

3. 及时纠正孩子"拿"的行为

小时候拿别人的东西,妈妈不纠正,长大了拿、偷就会成为常态。

无锡流传着一个陈阿尖的故事,值得听听。听过后,可以好好反思,如何做一个让孩子真正感激而不是憎恨的父母?

有个杀人盗窃犯,从小死了爸爸,由妈妈一个人艰难地带着。在他三四岁时,妈妈带他到邻居家玩。他无意间看到地上的五分钱硬币,遂用小脚踩住,趁大人不注意时,捡起来揣到兜里。回家了,他将硬币交给了妈妈。他的妈妈得知情况后,没有让儿子还回去,反而说了一声:"好儿子!"从此后,孩子为了取悦妈妈,将小拿小摸来的东西都说成"捡"的交给妈妈。毕业了,学习不怎么样,偷窃水平很"卓越"。满街闲逛,偷钱包、割包、入室盗窃等,屡屡得手。他的欲望随之越来越大。在盗窃珠宝时,他因杀人被抓捕归案。

收监判死刑后,他将一切罪过统归到妈妈身上。临刑前,他在监狱里咬掉了妈妈的乳头。

父母是孩子行为的最初引导者。父母划清和别人的财务界限,在孩子的物权意识里早早地建立起你的、我的,等价交换,我的东西我做主,别人的东西不能拿等概念,孩子的行为里就不会有"贪""占""抠"等字眼。

拿了一次别人的玩具,满足了占有欲,感觉不错,父母不纠正,下次还会这样。几次后,就养成了坏习惯,成为爱占小便宜的孩子。长大后,偷、拿、盗可能成为常态。

孩子拿了别人的东西,妈妈无论觉得多么不妥,都要压住心中的火气。妈妈发火,不但不能引导孩子形成正确的做法,还可能导致孩子逆反。静下心来,听听孩子的理由,这样更能听到真心话。孩子说:"我特别想玩那个玩具! 很喜欢!""妈妈不给买,可我想玩一下!"孩子的需要不能排斥。亲亲宝宝,然后告诉他:"喜欢的要跟妈妈说,如果家里没有类似的玩具,妈妈会买给你。"

如果家里玩具太多,有类似的,这个玩具不可以买,就告诉宝宝:"你是不是没想起来? 他的这个小汽车,是不是跟你那个绿色的没多大区别? 好好想想。""如果你一定想玩一下这个玩具,要告诉人家一声,得到允许后,才能玩! 当然,用自己的玩具和对方交换玩,妈妈赞同!""看到别人的玩具想玩,忍一忍,回家玩自己的,我的宝宝就更懂事了! 妈妈当然更开心了!"

沉醉于书

爱读书的人，会抓紧一切时间读书。被知识迷醉的孩子，不需要被人催促，更不会感觉到累。培养孩子良好的读书习惯，有助于孩子爱上读书。

> 《三字经》曰：如负薪，如挂角，身虽劳，犹苦卓。

汉朝的朱买臣，以砍柴维持生计，每天边卖柴，边读书。隋朝的李密，放牛时，把书挂在牛角上，有时间就读。他们在艰苦的环境中仍坚持读书。

"如负薪"的典故，说的是汉武帝时会稽郡太守朱买臣的故事。朱买臣未入仕前，家贫，但好读书，不得不靠卖砍来的柴度日。每次卖柴时，他都是且行且诵古书，自得其乐。后来，他终于学有所成，为汉武帝所赏识。

"如挂角"的典故，说的是隋朝李密的故事。李密少年时代，以放牛为生，故此，常常坐在牛背上读书。

中国教育科学研究院对四省市小学生家庭教育状态的调查显示，家庭对孩子的隐性学业支持因素更值得关注。数据显示，"阅读型"家庭，子女成绩优秀的比例更高。闲暇时，父母经常"读书看报"的家庭中，其子女成绩优秀的比例为31%，高于"看电视、玩电脑、玩手机"（27%）、"朋友聚会、打牌娱乐"（25%）等家庭。

调查还显示，学业水平较高的小学生，课外阅读的时间也相对更多。为孩子创设良好的"阅读型"家庭氛围，对小学生学业成长的意义不言而喻。

爱读书的人，会抓紧一切时间读书。被知识迷醉的孩子，不需要被人催促，更不会感觉到累。培养孩子良好的读书习惯，有助于孩子爱上阅读。

一位妈妈很苦恼地对我说："我女儿就喜欢看电视，一点书都不读！"她的女儿读小学四年级，家里一书柜的书，就是不读。顶多，这本、那本地翻翻了事。家里有好几个平板电脑，她可以随时躲开父母的视线去看电视剧，更不愿意读书了。这位妈妈向我求助。我说："这没什么难的，试试让女儿在平板电脑上读书吧！不能直说，绕个弯子，难为她一下，她会更珍惜！"

回到家，这位妈妈对女儿说："你最近读书很少，看电视剧很多，平板电脑影响了你读书，我要收回来，统一管理！"女儿当即跳脚，不同意！妈妈发威，不同意也得同意！谁让你管不住自己老看电视剧呢！人看傻了，成绩就更差了！女儿撒娇："我把这部电视剧看完行吗？没有平板电脑，查单词也不方便。以后不看电视剧了，还不行吗？"

看到女儿示弱，妈妈说："这样吧，你每天在平板电脑上读书两个小时，读完之后讲给我听，或者写一篇读书笔记，我就暂时不收回平板电脑。"

女儿当即欢呼，搂着妈妈转圈。

从那以后，女儿在平板电脑上看漫画、看故事书，非常投入，偶尔看看电视剧。

如果父母只是靠着吩咐、唠叨来让孩子喜欢读书，除非你的孩子是个听话宝宝,或者是天生爱读书的,否则,孩子很难顺从你的心意。

1. 家里有书

父母是孩子最好的榜样。在家里最明亮的地方,摆上一个大书橱,老远就能看到里面的书。孩子的、大人的,分类摆放。父母每天都拿出一定的时间读书,很专注。读完之后,相互推荐好书,讨论一下好在哪里。

2. 早早建立"亲子阅读时光"

和几个月大的宝宝在一起,拿本书看,宝宝能兴奋地尖叫。再大一些,躺在被窝里或者抱在膝上讲故事,一遍,两遍,几遍都不厌烦。孩子再大点,父母专注读书、侃书的形象很能吸引孩子。父母看过的书,他也要看。这时,可以说一句:"这本书不错,妈妈刚刚看过,你要不要看看? 看过后一起讨论啊。"和书朝夕相伴十几年,有好书推荐,当然求之不得。读起来,效率也高。

小宝宝看书,几张图片可以看一个月,每次都饶有兴致地要妈妈看图讲故事,这是宝宝重要的认知方式,妈妈多急都不要烦。如果把书拿走,扔给宝宝另外的玩具,转移了宝宝的注意力,也阻止了宝宝对书籍的认识和热情。

3. 放下手机,一起读

在家里,父母读书和父母拿着手机刷朋友圈给孩子的影响完全不一样。你读书,孩子就能按着你的提议去读书、写字;你刷朋友圈,孩子就想玩游戏、看动画片。即使碍于父母的威严不得不坐在书桌前,也不容易集中注意力。

从父母自身的角度来讲，读书是丰富自我的一个重要方式。选择手捧一本书，不但有益于自己的发展，更有利于孩子的成长。放下手机，读书。你读，孩子也读，孩子有了阅读兴趣，养成了阅读习惯。有父母的伴读，孩子的阅读兴趣更强、学习积极性会更高，对游戏、动画片就有一定的免疫力了。

有的父母的确过分，孩子学习时，他们在旁边拿个手机看朋友圈，看视频时声音开很大，自己哈哈大笑。和人聊天，开着语音。这样的父母，如果担心孩子和你们一样只玩手机不学习，就改一改这些做法吧。

幼时专注玩，长大拼能力

一个能专注玩耍的孩子，自觉性高，自我控制力强，妈妈交给了什么任务，都能够积极完成，不半途而废。这样的孩子上学后，能够把学习当成自己的任务，完成了再去做别的事情。

《弟子规》曰：朝起早，夜眠迟。老易至，惜此时。

清晨要早起，晚上要迟睡。一个人很容易老去，每个人都要珍惜现在的大好时光。

怎样才能培养出一个珍惜时间的好孩子呢？最主要的有以下几点。

1. 父母时间观念强

孩子是否懂得珍惜时间，全在父母的教育。当孩子拉着妈妈的手,要妈妈陪他玩的时候,应该告诉他:"妈妈只能陪你玩半小时,不然,妈妈就做不完家务了!"当孩子躺在被窝里搂着妈妈,一而再、再而三地要求妈妈讲故事时,妈妈应该告诉他:"妈妈需要早睡,明天才能早起! 再讲一个故事,我们就睡觉!"

这样的话语等于在告诉孩子,时间有限,不抓紧,就会失去,做不成事情了。即使孩子不能完全接受,也能理解妈妈的心思。

曾亲眼见到一名3岁的小女孩,妈妈早晨上班前,她跑来跑去给妈妈拿包、拿鞋,嘴里还嘀咕:"快点吧,路上堵车,妈妈就要迟到了,会被老板罚奖金的! 妈妈,拿上牛奶,路上喝!"

2. 婴幼儿期,支持孩子专注玩耍

对于小孩来讲,专注地玩耍就是珍惜大好的时光。经常有小孩这样说:"妈妈,你让我再玩会儿吧! 我不想回家!"此时,妈妈的时间跟宝宝的时间有了冲突。由着宝宝,妈妈就干不成自己的事情,浪费了时间。不由着宝宝,宝宝不答应。试想,宝宝正拿着小汽车在地上推,或者和一群小朋友追逐玩耍,这个时候,你要喊孩子回家,会被孩子视为不懂事的妈妈。为什么? 孩子正玩呢,很专注,你的呼喊扰了宝宝的兴致,使得宝宝的情绪变糟糕。这时,要进入另一件有意义的事情不是很容易。

这就需要妈妈事先把时间安排好,带孩子出去玩,选择自己没有工作的时间,或者顺便可以做一些事情的地方。两个人都顾及,就不会贸然伤了孩子的兴致。

孩子在专注玩耍的过程中,锻炼了坚持力、自我控制力,做事情善始善终。妈妈交给了什么任务,都能够积极完成,不半途而废。这样的孩子上学后,能够把学习当成自己的任务,完成了再去做别的事情。最为关键的是,幼时充分自主玩耍的孩子,能够建立起自己的兴趣。

对于学龄前的孩子,充分满足他们玩耍的需要,不打扰,不干涉,孩子的自身权利被尊重,做该做的事情时,就能抓紧时间,学习、工作都不含糊。

3. 限制时间

当孩子有了时间观念,却不能做到珍惜时间时,父母要严肃地指出来,并纠正。

为了让孩子有充分的内在能量抗拒诱惑,专注于该做的事情上,婴幼儿期,应该让孩子尽情地玩耍。长大后,当他们睡懒觉、长时间看电视、毫无目的地逛商场、玩电子游戏机、打牌、闲聊天时,我们提醒他们赶紧写作业,他们能好好地接受。

4. 支持孩子痴迷某一方面

如果喜欢做一件事情,他会抓紧一切时间去做。一个喜欢读书的孩子,会抓紧一切时间读书。饭做好了,他忘记吃;大家都睡熟了,他还在读书;天一亮,他就起来读书。

一个喜欢发明创造的孩子,能为一个想法着迷几小时。面对一件东西,呆呆地坐上几小时,鼓捣来,鼓捣去。这就是痴迷的表现。痴迷是成就大事业的理想状态。一个人痴迷什么,就会千方百计把时间浓缩到这件事情上,一分钟都舍不得浪费。当孩子处于这样的状态时,父母一定要做到不打扰、不呵斥。时间久了,就会有成绩。

245

保护孩子,先教他保护身体

安全教育成功与否的标准在于是否在孩子心中种下生命高于一切的种子。一个孩子,只有足够珍惜生命,才不会让身体受到任何伤害,才会遵守社会规范,避免伤害他人。

《弟子规》曰:身有伤,贻亲忧。

如果身体有伤,就会给父母带来忧愁。即使一点点伤害,父母也会很担心。

是的,孩子是父母爱的结晶,是父母生命中重要的一部分。哪个家长不爱自己的孩子呢? 不时刻牵挂着孩子的安危呢?

因为父母不够重视,很多孩子没有接受过足够多的安全教育,以至于读了大学后,面对危险时,毫无警惕性和应对能力。

我国北方的一月,天气很冷。女孩赶着回家。路上,她遇到了一个满身酒气的男人。男人借着酒劲,不怀好意地跟上去和她搭讪,说是和女孩同路,女孩没有理会那个男人。这个猥琐的男人在打坏主意,女孩没有察觉,也没有叫喊、逃跑或者吓唬男人,只顾着走路。可能是一起走了一段路,不陌生了,女孩对对方的搭讪也会回应一两句。

两人在寒夜中前行,女孩赶着回家,男人却在寻找机会对女孩下手。走了三四里路后,遇到了一栋空房,男人把女孩强奸后用砖头砸死。

一名大学生,读了很多书,也有了不少的社会经验,黑夜、无人的马路、喝了酒的陌生男人、紧随自己走路还和自己搭讪,这几点足以值得怀疑、警惕,女孩却丝毫没有觉察,没有采取任何防范措施,结果是丢掉了青春的生命。

遭遇如此悲惨结果的女孩还有很多,有搭乘黑车被强奸的,有被骗学费的,还有见网友被凌辱的,等等。问题都出在防范意识不强。

孩子摔个跟头,身体有点破损,父母都会心疼得落泪。丢了生命,就更是家里的灭顶之灾。与其等到孩子出事后悔,不如从孩子一出生,就对孩子进行安全教育。

安全教育成功与否的标准在于是否在孩子心中种下生命高于一切的种子。一个孩子,只有足够珍惜生命,才不会让身体受到任何伤害,才会遵守社会规范,避免伤害他人。

1. 父母关爱是底色

父母好好爱孩子,不打不骂,悉心照顾,孩子遭受伤痛、病痛后,父母留在身边好好照顾,孩子会从父母焦急和关切的眼神里读懂父母对他生命的关心和爱护,从而学会爱惜生命。

孩子会走路以后,就有离开父母视线的可能,被拐骗、被车撞、自行摔倒的概率增加。妈妈要态度严肃地告诉孩子,不能离开父母的视线,更不能违反交通规则。

父母关系好,孩子听父母的话,对孩子的安全教育会很轻松。和孩子在一起时,结合情景传授安全知识,孩子记得最牢固。

2. 培养自救意识

孩子要有很强的自救意识,一旦遇到坏人,哭爹喊娘没用,可以装熊,但不能真熊,心心念的只有一件事,寻找机会逃跑,机智灵活地脱离危险区域。形势不利于逃跑时,要懂得伪装顺从其意,以麻痹对方,等歹徒稍有松懈时,再趁机逃走。

有一名女孩,父母从她很小时就很重视安全教育。上学以后,父母创设了各种遇到坏人的情境,让孩子思考逃生的办法。

有一天,在放学回家的路上,女孩被坏人强行拉上摩托车。坐在摩托车后座上,她假装服从,一只手搂住歹徒的腰,一只手从歹徒的衣服口袋里掏出手机,一边给家长打电话,一边跳下摩托车。跳下车后,为了拖延时间,她把歹徒的手机向着自己要走的路的反方向扔去,然后猛跑,终于脱离了歹徒的追击。

有的父母胆子太大,觉得社会那么太平,孩子怎么会有人身安全问题呢?一起又一起孩子突然失踪、学校门口的暴力案件,就像一记又一记警钟,敲打着家长们大条的神经,难道这恐怖的事件就不会发生在自己的孩子身上吗?即使发生率极低,我们也要培养孩子的防范意识,提高防范能力。当意外发生时,孩子才会化险为夷,保全自己,营救他人。

3. 小时候,管住嘴

没有经历过危险的孩子不知道危险时刻存在。小孩子嘴馋,如果父母没有告知他不明来历的食物不可以吃,他一定不懂。

一名6岁的男童,聪明可爱。他在自家院子里捡了一根棒棒糖,吃了以后两分钟,口吐白沫,七窍流血,送医院抢救无效死亡。

经过对男童的血液、尿液和胃液样本检查,医生发现,他的每毫升血液中,毒鼠强的含量为8100纳克。男童在出事前20多分钟,仅仅吃了一根棒棒糖。

即使再小的安全事件,我们也要对孩子讲一讲,让那张纯洁无瑕的经验白纸上牢牢刻上"这么做,危险"的字样。

小孩子嘴馋,管住嘴就守护住了大部分的身体安全。不要接受他人的食品、饮料,饿了,回家来拿。小孩子嘴松,应教他不要什么都对陌生人讲。如果有陌生人问家里人的情况,不要回答。比如,父母是否在家? 家里的钥匙放在哪里?

4. 说了不管用,惩罚

当孩子小的时候,类似这样的问题,叮嘱一遍、两遍,他们可能记不住。如果犯了错误,惩罚一下,是比较有效的方法。

慧慧是一名三年级的学生,学校离家不远,只需要步行两三分钟。妈妈给她规划好了行走路线,那是一条商铺林立、行人如织的安全道路。应该没人敢在光天化日之下干坏事。

可是,有一天,慧慧从另一条小路绕回来了。理由很简单,好玩! 妈妈告诉她,这条路有安全隐患,不可以走!"妈妈叮嘱过你,你答应过妈妈,不走这条小路。现在,你违背了诺言,要受到责罚!"被责罚以后,慧慧不再走小路了。

关于生命安全的内容有很多,不是讲一次两次就能讲完的,而且孩子不一定能记住。妈妈要有足够的耐心,随时传递这方面的信息,孩子的安全意识才能强大起来。

有兢兢业业的态度

支持孩子坚持做完一件事,孩子对细致、认真、坚忍、有恒、有始有终、踏实勤恳、知难而进等品质就有了一些感悟。再多做一件,又一件,在美好的感悟中,孩子就养成了良好的习惯。

> 《三字经》曰:犬守夜,鸡司晨。苟不学,曷为人?
> 《弟子规》曰:勿轻略。

狗在夜间会替主人看守家门,鸡在每天清晨天亮时报晓。人如果不努力学习、迷迷糊糊地过日子,有什么资格称为人呢?做事情不可以态度轻率。

万事万物都有自然界所赋予的特质,如狗能看门、鸡会报晓。动物尚且各司其职,而作为万物之灵的人类又该如何呢?人有思维能力,自然赋予人的使命更多、更大,承载着人类文明的传承与发展,只有努力,才能实现。

一个人做事的态度,取决于内心的重视程度。越重视,就会越认真,不敢轻率,兢兢业业地去完成。

一个看门人,业余时间无聊,他就磨镜片。他磨呀磨,坚持磨了几十年,技术超过了专业技师。他透过自己磨出的镜片,进入了另一个世界——微生物世界。这个看门人就是赫赫有名的荷兰科学家列文虎克。

不管一个人看中什么,朝着什么样的目标努力,对成败影响最大的就是兢兢业业的态度。

1. 严肃纠正孩子的不负责行为

对于初涉世事的孩子,什么才是需要他们尽心尽责去做的事情,需要父母给予引导。以什么样的态度去做,全在父母的态度。

那天,妈妈在家里拆口罩。央央感到好奇,问妈妈为什么拆。妈妈说家里口罩太多了,戴不完,拆一部分可以做抹布擦家具。"妈妈,我来拆吧!"央央抢过妈妈的剪刀,学着妈妈的样子拆口罩。

这个活儿,大人做起来并不难,可是孩子做起来就有点费力了。一个口罩,需要拆开三面,才能展开成为一个平面。央央拆开两面就扔下剪刀不做了。妈妈从电视机前拉回女儿,说:"把这个口罩拆完,怎么能半途而废呢?"

听了妈妈的话,央央拿起剪刀,把剩余的部分又拆开了。"哇!我拆好了一个呀!"央央平铺开自己拆的口罩,高兴极了。

妈妈说:"半途而废的话,多可惜啊!"

2. 去支配孩子做事

孩子的做事能力通过锻炼才能发展起来,这个过程不用大人催促,成长的需要决定孩子要做事。孩子内在的求学欲望表现为外在的好奇,什么都要摸摸、弄弄,研究一番。给他们机会,引导他们做好,是家长要做的事情。

　　孩子开始做了,妈妈鼓励和支持他做完,好的做事态度在这个过程中就建立起来了。小孩子好奇心强,但又很容易放弃。如果难度合适,就要鼓励孩子做下去。孩子体验到满足感,会更努力。特别难的事情,孩子要做,最好别答应。用另外一件类似的难度较小的事情转移孩子的注意力,不伤害孩子的积极性,还能培养其尽职尽责做事的态度。

　　一个热爱学习的孩子,不仅成绩好,也不容易出现品质方面的问题,原因就在于,他们在努力学习的过程中,建立起了认真对待才能做到的价值观。

　　之所以有那么多孩子,读了大学后,在家里不做事,在外边也找不到工作,不是他们不想工作,而是因为他们不具备踏实做一件事的态度,高不成,低不就。要想孩子踏实做好事情,就得从小教孩子做好小事,长大了,才能做好大事。

　　东汉时有一个少年,名叫陈蕃。他自命不凡,一心只想干大事业。一天,薛勤来访,见他独居的院内龌龊不堪,便对他说:"孩子,你怎么不清扫庭院以迎接宾客呢?"他答道:"大丈夫处世,当以治理天下为己任,怎么能局限于整理一间房呢?"薛勤当即反问道:"连一间房都不打扫干净,怎么能够治理天下呢?"陈蕃无言以对。

　　道理很简单,没有做小事的经历,就没有成就大事的本领。小事做不好的人不会成就什么大事。小事就是构成大事的材料,大事就是小事集合而成的。不屑于造瓦，哪里有宏伟建筑存在呢？

我们悟透了这个道理，才能给孩子做事的机会，孩子做事的能力才能发展起来。支持孩子坚持做完一件事，孩子对细致、认真、坚忍、有恒、有始有终、踏实勤恳、知难而进等品质就有了一些感悟。再多做一件，又一件，在美好的感悟中，孩子就养成了良好的习惯。